UNIVERSITÉ DE DIJON
FACULTÉ DE DROIT

# EXPOSÉ THÉORIQUE

DE LA

# FICTION D'EXTERRITORIALITÉ

## PAR RAPPORT AUX PERSONNES

### EN DROIT INTERNATIONAL PUBLIC

## THÈSE POUR LE DOCTORAT

SOUTENUE DEVANT LA FACULTÉ DE DROIT DE L'UNIVERSITÉ DE DIJON

*le samedi 4 décembre 1897, à 1 heure et demie*

PAR

Eugène DELEPOULLE

AVOCAT

I0030666

Sous la présidence de M. GÉNY, *professeur.*

*Suffragants* : { M. DESLANDES, *professeur.*
{ M. MOULIN, *agrégé.*

## PARIS

LIBRAIRIE NOUVELLE DE DROIT ET DE JURISPRUDENCE

## ARTHUR ROUSSEAU, ÉDITEUR

14, RUE SOUFFLOT ET RUE TOULLIER, 13

1897

# THÈSE

## POUR LE DOCTORAT

UNIVERSITÉ DE DIJON
FACULTÉ DE DROIT

# EXPOSÉ THÉORIQUE

DE LA

# FICTION D'EXTERRITORIALITÉ

## PAR RAPPORT AUX PERSONNES

### EN DROIT INTERNATIONAL PUBLIC

## THÈSE POUR LE DOCTORAT

SOUTENUE DEVANT LA FACULTÉ DE DROIT DE L'UNIVERSITÉ DE DIJON

*le samedi 4 décembre 1897, à 1 heure et demie*

PAR

Eugène DELEPOULLE

AVOCAT

*Sous la présidence de* M. GÉNY, *professeur.*
*Suffragants :* { M. DESLANDES, *professeur.*
{ M. MOULIN, *agrégé.*

## PARIS

LIBRAIRIE NOUVELLE DE DROIT ET DE JURISPRUDENCE

## ARTHUR ROUSSEAU, ÉDITEUR

14, RUE SOUFFLOT ET RUE TOULLIER, 13

1897

# EXPOSÉ THÉORIQUE

DE

# LA FICTION D'EXTERRITORIALITÉ

PAR RAPPORT AUX PERSONNES

# EXPOSÉ PRÉLIMINAIRE

Il existe en droit international des personnes indépendantes de la souveraineté de l'État sur le territoire duquel elles se trouvent. Ce sont : les souverains étrangers, les ministres publics accrédités auprès du gouvernement, les officiers et les soldats d'une armée étrangère qui traverse ou occupe le pays, les Occidentaux en Orient et en Extrême-Orient.

Cette indépendance est imposée par des considérations d'ordre public : aussi est-elle universellement admise par la pratique internationale, ainsi que par la presque totalité des jurisconsultes et des publicistes ; mais de profondes divergences se manifestent dans la doctrine, dès qu'il s'agit d'en rechercher le fondement : de nombreux systèmes ont été imaginés ; malgré leur diversité, ils se ramènent à deux types.

Les systèmes du premier type expliquent toutes les immunités par une idée commune : la fiction d'exterritorialité : les souverains, les ministres publics, les militaires seraient censés, pendant la durée de leur séjour en pays étranger, continuer leur résidence sur le territoire de leur pays. Par une conséquence toute naturelle, ils resteraient soumis à leur loi nationale, comme s'ils étaient toujours dans leur patrie.

4     EXPOSÉ PRÉLIMINAIRE

Cette opinion est la plus ancienne et la plus répandue. Elle a de redoutables partisans, redoutables par
le nombre et par le talent.

Les systèmes du second type rejettent comme inutile
la fiction d'exterritorialité. Ils expliquent, séparément,
par des raisons différentes, la position légale à l'étranger de chaque catégorie de personnes. Ainsi les souverains jouissent de prérogatives parce qu'ils portent le
caractère de souveraineté avec eux dans tous les pays
où ils se rendent.

Les immunités diplomatiques ont leur source dans le
respect dû aux nations en la personne de leurs représentants, et dans l'indépendance nécessaire à ceux-ci
pour l'exercice de leurs fonctions.

Les immunités de l'armée sont une conséquence du
caractère représentatif dont elle est investie : l'armée
est la nation elle-même, le porteur de sa souveraineté.
Enfin la situation des Occidentaux dans les pays d'Orient
et d'Extrême-Orient a son principe dans des conventions
connues sous le nom de capitulations ou dans les clauses de traités de commerce.

Telles sont les deux opinions qui se trouvent en présence l'une de l'autre et que nous devons discuter.
Faut-il faire appel à la fiction, faut-il la rejeter ?

Disons en commençant que les systèmes du second
type ont notre faveur. Les explications diverses présen-

tent pour nous plus d'attraits que l'unique explication
par la fiction d'exterritorialité : elles nous semblent
constituer un fondement plus simple et en même temps
plus rationnel et plus juridique.

Nous ne voulons pas cependant rejeter l'expression
exterritorialité. Elle est consacrée par l'usage pour désigner l'ensemble des immunités reconnues par le droit
international public avec toutes les conséquences juri-
diques qui en découlent. Mais, pour nous, elle ne représente aucune fiction. Nous lui donnons le sens d'indépendance absolue par rapport aux pouvoirs constitués
d'un État (inviolabilité et exemption de juridiction)
mais nous ne voulons pas trouver en elle, comme les
partisans de l'idée de fiction, la cause de cette indépendance (1). Nous la considérons comme un mot heureu-
sement choisi qui résume d'une manière frappante et
abrégée toute une série d'exceptions au droit commun.
« De même que les grammairiens réunissent les mots et
termes pour y découvrir des règles et des principes, de
même nous réunissons les dispositions légales relatives
aux personnes exterritoriales et nous y trouvons une
idée fondamentale se rejetant partout : la négation du
principe territorial, qui est remplacé par un principe

(1) Ce sera toujours dans ce sens large que nous nous servirons du
mot exterritorialité. Dans un sens plus étroit, il signifie l'exemption de
la juridiction territoriale ; dans le sens le plus étroit, l'exemption de la
juridiction criminelle.

de subjection excluant le pouvoir territorial. Ce principe de subjection est précisément le principe de l'exterritorialité » (1).

(1) *L'exterritorialité* par le baron Alphonse de Heyking, p. 37. Berlin,
Puttkammer et Muhlbrecht, 1889.

# INTRODUCTION

# INTRODUCTION

Les différents États dont se compose la société internationale, ont, comme les individus dans la société humaine, un droit primordial, nécessaire, le droit à l'existence, d'où découlent, comme corollaires, le droit de
conservation et le droit de liberté. Étant sur le pied d'une
égalité parfaite, ils prennent les mesures nécessaires au
maintien de leur intégrité, sans se laisser guider par aucune autorité supérieure. Souverains dans les limites
de leur territoire, ils choisissent en pleine liberté la
forme de leur gouvernement, le caractère de leur constitution : ils suivent leur inspiration pour l'accomplissement de leurs devoirs ; ils votent à leur gré les lois qui
paraissent devoir leur rendre le plus de services. Aucun
État ne peut, sans violer les règles du droit des gens, empêcher un autre État d'agir à sa guise, parce qu'aucun
État ne peut se prévaloir d'un droit de supériorité sur les
autres.

Ces principes sont aujourd'hui acceptés par tous. La
pratique et la doctrine les considèrent comme nécessaires à l'existence de la société internationale. Aucun
jurisconsulte n'aurait idée de les critiquer. Ils font partie
maintenant de ces vérités premières que l'humanité
transmettra de siècle en siècle et que l'on ne peut ne

pas accepter parce qu'elles sont l'expression de ce qui doit exister.

Mais il fut un temps où ces notions n'étaient même pas soupçonnées. Elles ne se sont formées que peu à peu ; ce n'est que par les modifications des mœurs et des besoins des peuples, par le renouvellement de leurs traditions, par l'œuvre progressive et patiente des différentes écoles des juristes, qu'elles furent admises. Aussi, plus on remonte vers les temps anciens, les trouve-t-on moins nettes, plus au contraire on avance dans l'histoire, plus on les trouve dégagées des erreurs qui invinciblement s'y étaient réfléchies (1).

Ainsi la législation de Rome ignorait complètement ces principes. Cette législation nous semble même aujourd'hui si étrange au point de vue qui nous occupe, que nous comprenons difficilement qu'elle ait pu durer si longtemps. Rien en effet n'était plus contraire à la société internationale telle que nous la comprenons,

---

(1) On pense voir dans certaines pratiques ou institutions de la Grèce, les premières notions du droit international public ; « les Grecs, dit-on, connaissaient une institution qui a beaucoup d'analogie avec nos consulats : la proxénie. Ils faisaient usage de traités pour améliorer la condition des étrangers : les traités d'isopolitie. »

A notre avis, c'est une erreur de croire que ces institutions sont de droit international. Elles font plutôt partie du droit national. Car si la Grèce est un composé de petits peuples, indépendants les uns des autres, ces peuples ont pourtant la même origine, suivent la même religion, connaissent la même civilisation. Ils forment par leur réunion une même nation, la Grèce ; et c'est entre eux seulement que sont appliquées les règles de la proxénie et de l'isopolitie. Les rapports des Grecs avec les peuples ne composant pas la Grèce, avec les Egyptiens, les Thraces, les Mèdes et les Perses, sont loin de présenter les mêmes caractères d'amitié et de bienveillance.

que l'existence de l'Empire Romain. En temps de guerre
comme en temps de paix, Rome ignorait la notion moderne du droit des gens. La guerre n'était pas pour elle
une situation juridique soumise à des lois, où il existe
des droits et des obligations. Elle n'était qu'une situation de fait, la situation des États vidant leur querelle
par la force. Loin d'admettre que la violence à exercer
varie dans chaque circonstance, suivant la nécessité du
droit à faire respecter, suivant la marche des événements, Rome avait posé le principe qu'il faut pendant
la guerre faire à l'ennemi le plus de mal possible (1).

En temps de paix le contraste est encore plus frap-
pant entre les principes modernes et les idées anciennes
sur les relations entre les États. Rome ne fut jamais
considérée comme membre d'une société juridique-
ment constituée. Rome admettait l'existence officielle
d'un seul peuple, le peuple humain. Sa politique à l'extérieur n'était qu'une politique de conquête ; elle fut
forcée de reconnaître les Latins, mais c'étaient les peuples du Latium qu'elle avait battus ; s'ils faisaient
partie de la nation, ils subissaient la faute de leur
ancienne indépendance et de leur longue résistance par
leur infériorité au point de vue du droit public et du

---

(1) « On la faisait à la population tout entière, hommes, femmes,
enfants, esclaves. On ne la faisait pas seulement aux êtres humains ; on
la faisait aux champs et aux moissons ; on brûlait les maisons, on abat-
tait les arbres ; la récolte de l'ennemi était presque toujours dévouée
aux Dieux infernaux et par conséquent brûlée. » Fustel de Coulange,
*Cité antique*, ch. XV.

droit privé. Rome reconnaissait les pérégrins, mais pour être pérégrin il fallait se laisser battre ou consentir un traité d'alliance inégale ; et d'ailleurs si au point de vue du droit privé les pérégrins jouissaient de certains des avantages accordés aux citoyens romains, au point de vue politique leur indépendance n'était qu'un vain mot : Les plus favorisés des États pérégrins seraient de nos jours appelés « États mi-souverains ». Quant aux peuples qui avaient la folle prétention de se croire libres et de garder leur autonomie, qui n'avaient voulu accepter aucun traité, Rome les appelait les Barbares. Point de droit pour eux. Ils constituaient des êtres inférieurs avec lesquels il eût été honteux d'entretenir des rapports pacifiques.

Nous n'oserions affirmer, de peur d'être taxé d'exagération, que la force brutale fut dans tous les cas la seule pratique des relations internationales, que la violence a dans tous les temps guidé la conduite de Rome. Mais nous pouvons dire que bien souvent Rome se donnait le droit d'abuser de sa supériorité pour imposer sa volonté aux plus faibles. Elle s'était donné la mission de les combattre par tous les moyens, afin d'étendre son empire sur le monde entier. Le peuple romain était le seul souverain.

Aussi ne faut-il pas espérer trouver à Rome l'application des principes du droit international public. Ils sont ignorés des Romains. Trois règles (1) seulement

_____
(1) Accarias, *Précis de droit romain*, 4ᵉ édition, tome 1, p. 9, note 1.

existent qui aient quelque rapport avec cette branche
du droit : la première relative à l'inviolabilité des ambassadeurs, la deuxième relative aux formalités à remplir pour les déclarations de guerre et la conclusion des
traités, qui fait l'objet du *jus fetiale*, la troisième relative au respect du serment fait à l'ennemi, objet du *jus
bellicum*. Encore doit-on bien comprendre ces règles et
ne pas exagérer leur portée. On est assez d'avis de les
considérer comme origine de nos institutions modernes.
A les bien étudier, on voit pourtant qu'elles tiennent
bien plus à l'idée de religion et à l'idée d'égoïsme qui
inspiraient toutes les actions des Romains, qu'à leur
désir de s'humaniser et de se rapprocher des autres
peuples. En effet le rôle des Féciaux était modeste et si-
gnifiait peu de chose : il se bornait à l'accomplissement
de rites solennels en cas de déclaration de guerre. L'inviolabilité des ambassadeurs était reconnue parce qu'ils
étaient les hôtes du peuple romain et non parce qu'ils
représentaient des États souverains. Le *jus bellicum*
existait parce que le serment était un acte religieux et
que tout ce qui touchait à la religion forçait le respect
des Romains. Le mot *jus gentium* était employé, mais
dans l'acception la plus large et la plus usitée, il ne si-
gnifiait pas droit des gens, droit international public.
Le *jus gentium* était l'ensemble des règles applicables
aux relations privées de ceux qui n'avaient pas le droit
de cité (1).

(1) Consulter *Le droit des gens dans les rapports de Rome avec les
peuples de l'antiquité*, par Chauveau-Larose et Forcel. 1891.

Les illustres jurisconsultes qui avaient fait du droit civil romain un monument immortel, eussent dû, semble-t-il, étudier avec la même science les règles du droit international. Ils eussent dû s'élever contre le désir de domination qui animait leur nation, contre cette rigueur qui allait jusqu'à la cruauté. Ils ont admis l'existence d'un certain droit international public, auquel ils donnent quelquefois le nom de *jus gentium*. Cicéron dit même : *qui autem civium rationem dicunt habendam, externorum negant, hi dirimunt communem humani generis societatem ; qua sublata, beneficentia, liberalitas, bonitas, justicia funditus tollitur* (*de Off.*, liv. 3, chap. 5). Mais ce principe admis, ils n'en tirent aucune conclusion. Ils se laissent entraîner par l'amour de leur patrie, séduire par la politique du Sénat, inconsciemment, paraissant ignorer qu'ils eussent pu agir autrement.

Cette politique de domination excessive, ces rêves de supériorité mal comprise disparurent avec la grande puissance de Rome. Les détenteurs du pouvoir abandonnèrent peu à peu soit par faiblesse, soit par tactique les idées de leurs prédécesseurs et se montrèrent moins ambitieux, plus disposés à jouir en paix des fruits des anciennes conquêtes qu'à vouloir agrandir un empire déjà trop vaste.

Le droit subit nécessairement la même tendance. Comme les mœurs dont il est l'expression, il dut perdre de son antique rigueur, s'humaniser.

Le christianisme, avec ses préceptes de justice et de

charité, et par sa persévérance à les introduire dans la
société, aida beaucoup à cette transformation.

L'idée d'une société internationale se fit jour. L'existence des États comme tels fut admise. Les relations
furent moins rares et moins difficiles, bien que les missions fussent exceptionnelles et temporaires. Puis l'idée
se développa sous l'influence des siècles. Les préjugés,
les faux principes qui avaient séparé les États furent
abandonnés. Les théologiens et les jurisconsultes s'oc-
cupèrent du droit des gens ; ils prouvèrent qu'un droit
supérieur conduit les États les uns vers les autres;
qu'il existe entre eux des liens de droit ; que, tout en
étant distincts et indépendants, les États doivent par
leur destination avoir des rapports entre eux. Enfin, les
rapports toujours croissants firent rechercher dans l'é-
quité naturelle, dans les usages rencontrés chez tous
les peuples, les règles de la nouvelle branche du droit.
On arriva, par suite du progrès continu des idées juri-
diques, à la notion actuelle de la société internationale.
Le principe fut posé que les États doivent se protéger et
servir l'humanité en aidant à leur prospérité réciproque ; que la souveraineté des États et la diversité de
leurs intérêts ne sont nullement contraires à cette harmonie, que c'est erreur de croire que chaque État doive
nécessairement, parce qu'il est indépendant, se défier
de l'État voisin, qu'il doive rechercher tous les moyens
de lui nuire, se réjouir des événements malheureux qui
peuvent l'affaiblir ; qu'au contraire, un État doit faire

profiter les autres Etats des richesses qu'il possède, et jouir à son tour du bien-être qui existe dans un autre Etat.

Cet amour de l'humanité qui doit animer les citoyens de chaque État, ce désir de faire du bien à nos semblables par leur seule qualité d'hommes, n'est pas la négation de l'amour de la patrie. L'amour de la patrie est un sentiment naturel, dont l'objet est quelquefois assez confusément défini, mais qui existe en réalité. Ce n'est pas un rêve imaginé par les conventions qui se place entre l'amour de la famille et l'amour de l'humanité. La patrie doit passer avant tout, mais elle ne demande pas le mépris des nations. Patrie ne veut pas dire destruction de ses semblables. L'amour de la patrie correspond à quelque chose de positif : c'est le désir de voir son pays occuper le premier rang dans la société et non le désir d'assister à la ruine des autres Etats. Le bon citoyen doit désirer dans l'intérêt même de son pays, une union internationale pour le développement du commerce, pour la divulgation des découvertes, pour l'amélioration de la civilisation, en un mot une union qui a pour fin prochaine de procurer au genre humain les biens de l'ordre temporel et terrestre.

Dans l'entretien de ces rapports, les Etats sont naturellement représentés par leurs souverains. Les Etats forment des personnes morales. Ils ont une personnalité distincte de la personnalité de leurs sujets. Ils sont susceptibles d'avoir les droits et les obligations dont

sont capables les personnes physiques, mais ils ne peuvent jouir de droits incompatibles avec leur caractère
d'êtres purement fictifs. Les États sont des abstractions
et ne peuvent agir par eux-mêmes. Il leur faut des personnalités physiques qui soutiennent leur personnalité
morale, des représentants qui puissent faire les actes
nécessaires à la réalisation de leur destinée à l'intérieur et à l'extérieur.

Les représentants directs des Etats sont les chefs
d'Etat, empereur, roi, président de la République. A
eux incombe directement la mission de former, maintenir et développer les relations entre les Etats, de veiller aux réformes à établir pour le bien-être de la société
internationale.

Peuvent-ils à eux seuls accomplir cette mission?
nous ne le croyons pas. La réunion des souverains dans
des congrès a existé au commencement de notre siècle
avec la Sainte-Alliance. Les souverains ont traité les
affaires de leurs Etats dans les congrès de Vienne en
1815, d'Aix-la-Chapelle en 1818, de Troppau en 1820,
de Vérone en 1822. Mais cette voie n'est plus guère
praticable. Ce système ne peut donner des avantages
sérieux. Les rapports personnels des chefs d'Etat sont
insuffisants à cause des lenteurs, des dépenses et des
difficultés de rapprochement. Leur intervention dans
des discussions parfois irritantes nuirait souvent à la
bonne gestion des affaires internationales.

Pour que les relations entre les Etats aient des effets

D. — 2

sérieux, il faut que chaque État ait près des autres puissances un représentant permanent qui puisse à tout moment le renseigner sur tout, un mandataire investi de ses pleins pouvoirs et chargé de négocier en son nom. Les missions permanentes sont les seules sérieuses : ce sont celles qui existent aujourd'hui (1).

Ces mandataires permanents étant reconnus nécessaires, il faut leur assurer toute l'indépendance et toute la sécurité dont ils ont besoin pour l'accomplissement de leur mission. Le rôle de l'agent diplomatique est difficile à remplir. Obligé de défendre les intérêts de l'État qu'il représente, il peut se trouver dans l'obligation de nuire aux intérêts de l'État auprès duquel il est accrédité. « Appelé sans cesse par sa mission à formuler, auprès du gouvernement du pays qui le reçoit, des réclamations, des exigences, à surprendre ses desseins et à les traverser, quand ils sont contraires aux intérêts de sa patrie, l'ambassadeur serait dans l'impossibilité de remplir son mandat s'il n'échappait entièrement à l'autorité et à l'action de ce gouvernement » (2).

Aussi voyons-nous que les ministres publics, quel que soit leur titre, leur rang et leur qualité : ambassadeurs, ministres plénipotentiaires, ministres résidents

---

(1) Les mandataires des États sont appelés indifféremment agents diplomatiques ou ministres publics. « Le ministre public, dit Ch. de Martens, est l'agent qu'un souverain ou qu'un gouvernement envoie auprès d'un État étranger ou à un congrès, et qui, muni de lettres de créances ou de pleins pouvoirs, jouit des privilèges que le droit des gens accorde au caractère dont il est revêtu. »

(2) Chrétien, *Principes de droit international*, tome 1er, p. 448.

ou chargés d'affaires (1), occupent une situation particulière sur le territoire des pays qu'ils habitent et jouissent de prérogatives et d'immunités dont ne jouissent pas leurs compatriotes habitant le même territoire.

Nous devons faire connaître tout d'abord cette situation qui leur appartient dans les Etats modernes. Quand nous l'aurons exposée, alors seulement sera possible la discussion de la fiction d'exterritorialité ; car la fiction n'a été créée que pour l'expliquer.

L'étude des immunités diplomatiques paraît devoir appeler de longs développements ; chacune d'elles donnerait lieu à une monographie spéciale. Nous n'avons pas la prétention d'aborder les innombrables questions qu'elles soulèvent, d'entrer dans des détails que ne comporte pas le cadre de cet ouvrage. Notre sujet ne nous permet d'en présenter qu'un exposé général ; nous

---

(1) La division des ministres publics en classes a été établie par le règlement de Vienne du 19 mars 1815 et celui d'Aix-la-Chapelle du 21 novembre 1818.

Le règlement de Vienne avait établi trois classes : 1º Les ambassadeurs, les légats et les nonces ; 2º Les ministres plénipotentiaires, les envoyés extraordinaires et les internonces ; 3º Les chargés d'affaires. Le congrès d'Aix-la-Chapelle créa une nouvelle classe, les ministres résidents, intermédiaire entre les ministres plénipotentiaires et les chargés d'affaires. De sorte que de nos jours il existe quatre classes d'agents : les ambassadeurs, les légats, les nonces ; les ministres plénipotentiaires, internonces et envoyés ordinaires ou extraordinaires ; les ministres résidents ; les chargés d'affaires. Les agents des trois premières classes sont accrédités auprès du souverain, ceux de la quatrième auprès du ministre des affaires étrangères. Cette classification n'a d'intérêt qu'au point de vue du cérémonial et de la préséance, nullement au point de vue de la capacité de négocier, de l'étendue des immunités. Tous les agents diplomatiques sont représentants d'Etats égaux, ont le même caractère officiel et ont droit aux mêmes prérogatives.

donnerons uniquement ce qui est nécessaire à la clarté des matières qui seront développées. Qu'on nous pardonne le vague qui peut-être en résultera : les détails se trouvent dans tout traité de droit international public.

Les prérogatives reconnues aux agents diplomatiques peuvent être groupées en trois classes : *inviolabilité*, *immunité de juridiction*, *mesures de courtoisie*.

*Inviolabilité.* — « L'Inviolabilité, dit Calvo, est une qualité, un caractère qui place au-dessus de toute atteinte, de toute poursuite la personne qui en est investie. Le droit des ministres publics de jouir de ce privilège échappe à toute discussion ; il est fondé non sur une simple convenance, mais sur la nécessité. En effet, sans une inviolabilité personnelle, absolue, illimitée, les agents seraient complètement à la merci du pays où ils résident, et leur caractère serait altéré au point de compromettre l'exercice même de leurs fonctions... Un ministre étranger serait fort embarrassé pour s'acquitter de sa mission avec la dignité, la liberté, la sûreté qu'elle exige, s'il était dans une dépendance quelconque du souverain auprès duquel il réside » (1).

L'inviolabilité s'applique soit à la personne, soit à la demeure du ministre public.

*Inviolabilité de la personne.* — Il faut bien détermi-

(1) *Le Droit international théorique et pratique*, tome III, § 1481.

ner le sens de cette inviolabilité, car de nos jours tout
étranger est inviolable. Dans tout Etat l'étranger doit
être protégé contre les actes illicites et assuré d'être
à l'abri de toute violation. L'inviolabilité de l'agent
diplomatique doit donc présenter un caractère particulier, ou ce serait inutile d'en faire mention spéciale.

Quand on parle de l'inviolabilité du ministre public,
on veut dire qu'il est plus protégé que toute autre personne. L'Etat étranger ne peut apporter à sa liberté les
restrictions qu'il peut apporter à la liberté des citoyens.
Aucun acte de coercition ne peut être fait sur sa personne. Son inviolabilité est plus grande que l'inviolabilité commune : elle est absolue. Une conséquence de
l'inviolabilité de l'agent diplomatique est l'impossibilité
d'exercer une action coercitive sur les choses mobiliè-
res qui lui appartiennent. De l'avis général, tous ses
meubles sont à l'abri de la saisie, aussi bien ceux ser-
vant à l'accomplissement de sa mission que ceux dont la
possession ne présente aucune corrélation avec l'exercice
des fonctions diplomatiques.

L'inviolabilité de l'agent signifie encore que l'Etat ne
doit pas seulement s'abstenir de violence, entourer le
ministre public de respect, prendre des mesures préven-
tives pour sa sécurité, mais qu'il est obligé de punir
toute injure qui lui serait faite. Cette idée a été admise
par les législations de l'antiquité et l'est par les législations des peuples modernes. Les codes autrichien, sué-

dois, allemand, néerlandais. belge, portugais, italien, prévoient la répression de ces délits.

En France, pendant longtemps on a appliqué la loi du 17 mai 1819 sur la diffamation, pour punir les outrages ou insultes contre les ambassadeurs. Son article 17 punissait d'un emprisonnement de 8 jours à 18 mois et d'une amende de 50 à 5.000 francs la diffamation envers les agents diplomatiques accrédités en France.

Aujourd'hui on applique l'article 37 de la loi du 29 juillet 1881, ainsi conçu : « L'outrage commis publiquement envers les ambassadeurs et les ministres plénipotentiaires, envoyés, chargés d'affaires ou autres agents diplomatiques accrédités près du gouvernement de la République, sera puni d'un emprisonnement de huit jours à un an et d'une amende de 50 à 2.000 francs ou de l'une de ces deux peines seulement. » Afin d'éviter les répétitions, nous transcrivons l'article 36 de la même loi. Il prévoit une infraction qui a grand rapport avec celle de l'article 37 : « L'offense commise publiquement envers les chefs d'Etats sera punie d'un emprisonnement de trois mois à un an et d'une amende de 100 à 3.000 francs ou de l'une de ces deux peines seulement. »

Aux termes de l'article 47, § 6, de la loi de 1881, la Cour d'assises était la juridiction compétente pour les infractions prévues par ces deux articles. Mais une loi récente, la loi des 16-17 mars 1893, a porté modification de cet article. Ces infractions sont déférées au tribunal de police correctionnelle. Les motifs sur lesquels repose ce changement de juridiction se trouvent dans le rapport de M. Trarieux au Sénat et celui de M. Lasserre à la Chambre des députés (1).

Pour ce qui est de la procédure, « dans le cas d'offense envers les chefs d'Etats ou d'outrages envers les agents diplomatiques étrangers, la poursuite aura lieu soit à leur requête, soit d'office, sur leur demande adressée au ministre des affaires étrangères et par celui-ci au ministre de la justice » (2).

L'inviolabilité du ministre public en France est encore protégée par l'article 84 du Code pénal : « Quiconque aura, par des actions hostiles, non approuvées par le gouvernement, exposé l'Etat à une déclaration de

_____

(1) M. Trarieux donne la considération suivante : « Le souci des bonnes relations que nous devons avoir à cœur de maintenir avec les diverses puissances représentées en France par leurs ambassadeurs, ministres plénipotentiaires et autres chargés d'affaires, exige que nous assurions la répression la plus prompte et la plus sûre des offenses et outrages dont pourraient avoir à se plaindre sur notre territoire les chefs d'Etats étrangers ou leurs agents. La juridiction de la Cour d'assises, organe naturel de l'opinion, peut convenir, entre Français à la connaissance de faits et d'actes liés à notre politique intérieure, mais l'évidence démontre qu'elle ne présente pas la certitude de décision qui doit être recherchée dans une matière où sont engagés nos rapports internationaux. Les formes compliquées de cette juridiction, les lenteurs qu'elle entraîne ne répondent pas, d'autre part, aux nécessités de solution rapide que peuvent quelquefois comporter les différends auxquels se trouvent mêlés les représentants des nations dont les législations ne sont pas en harmonie avec la nôtre. »

M. Lasserre s'exprime ainsi : « Nous n'hésitons pas à dire qu'il est indispensable que la sentence à intervenir émane de la magistrature, corps régulièrement constitué dont nul à l'étranger ne songe à suspecter l'impartialité et non d'une juridiction aussi variable, aussi mobile, aussi impressionnable que le jury. »

(2) Article 60 nouveau de la loi de 1881.

guerre, sera puni du bannissement, et, si la guerre s'en est suivie, de la déportation. »

*Inviolabilité de la demeure du ministre public.* — La demeure du ministre public est inviolable en ce sens que les magistrats, les employés des contributions, les préposés à la police ne peuvent y pénétrer pour aucune raison. La raison de cette exception au droit commun n'est pas que la demeure est territoire étranger. La demeure du ministre public reste territoire national. Son inviolabilité est toute personnelle, c'est-à-dire, n'existe que pour protéger l'inviolabilité du ministre. Ces deux inviolabilités sont tellement nécessaires l'une à l'autre, qu'elles ne peuvent exister l'une sans l'autre.

*Immunité de juridiction.* — En second lieu les ministres publics sont exempts de la juridiction de l'Etat auprès duquel ils sont accrédités.

Cette exemption constitue une restriction à la souveraineté de l'Etat. Tous ceux qui se trouvent sur le territoire d'un Etat sont en principe soumis à ses tribunaux. Aussi n'est-ce qu'après longues controverses que l'immunité de juridiction a été définitivement admise dans la pratique du droit des gens. De nos jours encore, certains jurisconsultes critiquent cette prérogative qui n'aurait d'après eux aucune raison d'être. Mais leur opinion ne peut prévaloir : cette immunité est nécessaire aux ministres publics pour l'accomplissement de leur mission. Aucune controverse sérieuse ne peut s'élever sur son principe.

Notre droit public a consacré la règle de l'immunité de juridiction des agents diplomatiques par deux dispositions. Le 2 décembre 1789 l'Assemblée Constituante prit l'arrêté suivant : « Monsieur le président ayant fait lecture d'une lettre à lui adressée par le ministre des affaires étrangères dans laquelle il demande, au nom des ambassadeurs étrangers, l'explication d'une réponse de l'assemblée à la commune de Paris, relative aux recherches dans les maisons privilégiées, l'assemblée nationale a décidé que la demande de Messieurs les Ambassadeurs et Ministres étrangers devait être renvoyée au pouvoir exécutif ; mais que, dans certains cas, elle n'avait entendu porter atteinte par ses décrets, à aucune de leurs immunités. »

Quelques années plus tard, le 13 ventôse an II, la Convention rendit le décret suivant qui n'a pas été abrogé : « La Convention nationale interdit à toute autorité constituée d'attenter en aucune manière à la personne des envoyés des gouvernements étrangers ; les réclamations qui pourraient s'élever contre eux seront portées au Comité du salut public (au gouvernement) qui seul est compétent pour y faire droit. »

Ce principe était rappelé dans le projet du Code civil : « Les étrangers revêtus d'un caractère représentatif de leur nation en qualité d'ambassadeurs, de ministres, d'envoyés ou sous quelque autre dénomination que ce soit, ne seront point traduits ni en matière civile, ni en matière criminelle devant les tribunaux de France. Il en sera de même des étrangers qui composent leur famille ou qui seront de leur suite. » S'il n'a pas été maintenu dans la rédaction définitive, ce n'est pas parce que le gouvernement ne reconnaissait pas son bien fondé, mais parce que ce principe appartenait au droit des gens et que le gouvernement ne voulait faire entrer dans le Code que les matières ayant rapport au droit civil.

Cette exemption de juridiction existe en matière pénale et en matière civile. L'immunité en matière pénale est absolue. Si l'agent diplomatique se rend coupable d'un crime ou d'un délit, le gouvernement local ne peut exercer aucune mesure coercitive, ni le traduire devant ses tribunaux. Il peut seulement en référer au gouvernement de l'agent et demander son rappel. En matière civile des auteurs voudraient soumettre l'agent à la juridiction locale pour les actes qu'il a faits comme particulier et qui n'ont aucun rapport avec sa mission. Cette distinction doit être repoussée à cause de la difficulté de connaître si l'agent a passé l'acte comme personne privée ou comme personne publique. De l'avis général il en est de l'immunité en matière civile comme de l'immunité en matière pénale : elle est absolue. Ce caractère ne signifie cependant pas que l'agent ne peut renoncer à l'immunité de juridiction civile. Il est admis en effet que, dans certains cas, et sous certaines conditions l'agent peut accepter la juridiction territoriale.

*Mesures de courtoisie.* — En troisième lieu les agents diplomatiques jouissent de certaines prérogatives pour le titre, pour le cérémonial des audiences et des visites. Ces prérogatives diffèrent de celles des deux premières catégories en ce qu'elles ne sont pas nécessaires aux agents pour l'accomplissement de leur mission. Le droit des gens les leur accorde par courtoisie, pour témoigner de la bonne entente entre nations. Rentrent dans cette troisième catégorie l'exemption des impôts directs, le droit au culte privé.

Les jurisconsultes et les publicistes s'accordent à reconnaître les règles que nous avons posées. Mais ils sont moins d'accord sur leur fondement. La question de connaître la base des immunités diplomatiques a soulevé jadis et soulève encore de nos jours de grandes discussions.

Différents systèmes ont été imaginés que nous examinerons en détail dans la suite de notre étude. De ces systèmes le plus connu et le plus usité, non le plus juridique à notre avis, est celui qui cherche à expliquer la situation des agents diplomatiques par la fiction d'exterritorialité.

Nous allons l'étudier en premier lieu ; mais avant d'exposer le raisonnement de la fiction, nous devons esquisser à grands traits la situation des ambassadeurs dans les différentes époques de l'histoire. Cette étude nous fera connaître comment et pourquoi est née la fiction d'exterritorialité et nous aidera à comprendre quelle en est la signification exacte.

La fiction n'est pas l'œuvre des jurisconsultes anciens. Elle n'a paru dans le droit que relativement tard, au moment où les ambassadeurs, qui pendant plusieurs siècles n'avaient joui que de l'inviolabilité, jouirent de l'immunité de juridiction territoriale, et elle fut imaginée précisément pour expliquer ce changement de situation (1).

Elle aurait dû, semble-t-il, rester appliquée à l'objet qui avait causé sa création. Mais les jurisconsultes émerveillés par sa simplicité, l'appliquèrent à toutes les personnes du droit international public dont la situation présentait quelque analogie avec celle des ambassadeurs.

Si bien que nous pourrons, à la fin de nos explications, résumer en ces trois propositions l'historique des immunités diplomatiques et de la fiction d'exterritorialité :

1<sup>re</sup> *proposition*. — La situation des ambassadeurs va se modifiant jusqu'à l'apparition de la fiction ;

2<sup>e</sup> *proposition*. — La fiction n'est créée que pour servir d'explication à la situation des ambassadeurs ;

3<sup>e</sup> *proposition*. — La situation des ambassadeurs une fois bien établie, la fiction est appliquée à d'autres

_____

(1) « L'idée et le droit d'exterritorialité se trouvent en rapport direct avec l'établissement permanent des communications diplomatiques entre les Etats. » A. de Heyking, *op. cit.*, p. 7.

situations et reçoit un cercle d'application de plus en plus vaste.

Si l'on considère la condition des ambassadeurs au point de vue de son développement depuis les origines jusqu'à nos jours, on peut distinguer quatre périodes :

1° La période d'enfance qui va de l'antiquité à l'établissement des ambassades permanentes au XV° siècle.

2° La période de jeunesse, de l'établissement des ambassades permanentes jusqu'à Grotius.

3° La période de la fiction d'exterritorialité qui commence avec Grotius et qui comprend les XVII° et XVIII° siècles.

4° La période de réaction contre la fiction qui comprend les temps modernes.

Pendant la première période le droit international n'est pas formé ; la conception moderne des Etats ne s'est pas encore fait jour. Pourtant les Etats connaissent les ambassades temporaires. Quand un différend surgit, quand une guerre est sur le point d'éclater, ou que la paix va se conclure, des ambassadeurs sont envoyés comme négociateurs ; et les témoignages des auteurs s'accordent à constater que ces ambassadeurs jouissent de la prérogative de l'inviolabilité. Ils sont sacrés (1). Toucher à leur personne, à leur honneur est un crime puni sévèrement. L'inviolabilité des ambassadeurs est

---

(1) « Legatorum jus divino humanoque vallatum est præsidio, cujus tam sanctum et venerabile nomen esse debet, ut non modo inter sociorum jura sed et hostium tela incolume versetur » (Cicéron).

pour ainsi dire de droit naturel ; tous l'acceptent comme nécessaire ; son principe n'est jamais discuté.

Mais si l'inviolabilité des ambassadeurs est reconnue, il n'en est pas de même de leur indépendance. Ils sont placés dans une situation privilégiée, ils sont respectés, considérés comme des dieux, mais ils peuvent se dépouiller de leur caractère sacré : s'ils touchent à la nation où ils se trouvent, s'ils contractent, s'ils se rendent coupables d'infraction, ils sont soumis à la juridiction territoriale.

Les relations des États n'étant que passagères, les ambassadeurs étaient suffisamment protégés par l'inviolabilité. Au XVe siècle, l'institution des ambassades permanentes produisit un changement important : elle fut l'origine d'un nouveau principe qui vint prendre rang dans le droit des gens à côté de celui de l'inviolabilité : le principe de l'exemption pour l'ambassadeur de la juridiction territoriale. Ce principe n'est pas le produit heureux de l'intuition d'un seul homme, il n'est pas l'œuvre improvisée d'un jour, mais l'œuvre de tout un siècle, la conséquence logique des besoins révélés par l'établissement des ambassades permanentes.

Ce n'est que peu à peu, par suite de son admission par toutes les législations qu'il fut dégagé dans ses détails ; il est le type parfait du droit formé par la coutume « qu'à un moment donné on trouve accepté de tous, sans qu'il soit possible de déterminer l'époque précise de son introduction » (1).

(1) Accarias, *op. cit.*

La troisième période est la période savante, la période des jurisconsultes qui veulent donner une cause à un état de fait, expliquer la situation privilégiée de l'ambassadeur.

Déjà, pendant la période précédente, des jurisconsultes (1) avaient voulu expliquer la transformation qui avait suivi l'établissement des ambassades permanentes. Grands admirateurs du droit romain, ils avaient cherché dans le Digeste, le livre de leurs préférences, si quelques textes de Papinien, de Paul ne pouvaient recevoir leur application : et ils avaient trouvé. Le Digeste parle du *jus domum revocandi* des *legati* ; ces derniers avaient le droit pendant leur séjour à Rome de récuser la compétence des tribunaux de Rome pour les affaires contractées et les délits commis avant qu'ils fussent en ambassade (2). Nos jurisconsultes se laissèrent tromper par le mot *legati* qu'ils traduisirent par ambassadeurs, tandis que dans les textes romains il désigne les députés des provinces ou des villes, et ils expliquèrent la situation des ambassadeurs par le *jus domum revocandi*.

Cette explication fut bientôt reconnue insuffisante. Elle ne rendait pas compte d'un grand nombre de points.

---

(1) Soto, Suarez, de Ayala en Espagne ; Albert Gentil en Angleterre ; Jean Hotman en France. — Voir Nys : Les commencements de la diplomatie et le droit d'ambassade jusqu'à Grotius, dans la *Revue de droit international*, 1883 et 1884.

(2) D., Loi 2 § 3 et 4, loi 24 § 1, loi 25, livre V, titre I. — Loi 12, livre XLVII, titre II.

En effet l'immunité de juridiction des ambassadeurs qui, dans les premiers temps après l'établissement des ambassades permanentes, était limitée, fut vite regardée comme absolue ; celle des *legati* fut au contraire toujours restreinte. Les *legati* furent toujours soumis aux juges territoriaux pour les affaires contractées et les délits commis pendant leur mission. L'application stricte du *jus domum revocandi* aux ambassadeurs demandait que l'on établît pour eux les mêmes restrictions. Des auteurs, entre autres Albert Gentil, plaidèrent pour l'immunité limitée ; mais leur opinion ne pouvait prévaloir : c'est surtout pour les contrats passés pendant la durée de sa mission que l'ambassadeur ne doit pas être soumis à la juridiction ordinaire des tribunaux.

A ce moment parut la fiction d'exterritorialité.

Il est bon d'entendre formuler cette théorie par ses plus illustres partisans et de donner les motifs qui les ont convaincus.

Grotius (1) est considéré comme le père de la fiction. C'est lui qui en a donné le premier la formule. « Je suis donc pleinement persuadé que les peuples ont trouvé bon de faire ici, en la personne des ambassadeurs, une exception à la coutume reçue partout, de regarder comme soumis aux lois du païs tous les étrangers qui se trouvent dans les terres de la dépendance de l'Etat. De sorte que, selon le droit des gens, comme un ambas-

(1) Grotius, 1583-1645.

sadeur représente par une espèce de fiction la personne même de son maître, il est aussi regardé par une fiction semblable comme étant hors des terres de la puissance auprès de qui il exerce ses fonctions : et de là vient qu'il n'est point tenu d'observer les lois civiles du païs étranger où il demeure en ambassade. Si donc il vient à commettre quelque crime, dont on croie pouvoir ne pas se formaliser, il faut ou faire semblant de l'ignorer, ou ordonner à l'ambassadeur de sortir de nos Etats » (1).

Plus loin le même auteur dit qu'on ne peut saisir les meubles d'un ambassadeur « ni pour paiement ni pour sûreté d'une dette, soit par ordre de la justice, soit par main forte du souverain » car l'ambassadeur « pour jouir d'une pleine sûreté doit être à l'abri de toute contrainte et par rapport à sa personne et par rapport aux choses qui lui sont nécessaires ».

Mais rendons à chacun son mérite. Si Grotius est le père de la fiction, Pierre Ayrault (2) en est le grand-père. On la trouve en germe dans son ouvrage : « L'ordre, formalité et instruction judiciaire dont les anciens Grecs et Romains ont usé en accusations publiques (sinon qu'ils ayent commencé à l'exécution) conféré au stil et usage de nostre France. » Il admet l'inviolabilité, l'immunité de juridiction civile et criminelle de l'am-

---

(1) Grotius, *Le droit de la paix et de la guerre*, livre II, chapitre XVIII, p. 21, traduction par Barbeyrac.
(2) Jurisconsulte qui vécut de 1536 à 1601. Voir l'étude de Nys, précitée.

bassadeur, qui seront admises plus tard par Grotius et explique ces prérogatives par la fiction. Le mot de fiction ne s'y trouve pas, mais l'idée est clairement exprimée. « Jaçoit que l'ambassadeur soit avec nous pour les affaires de son office, toutefois en tous autres actes qui le pourraient obliger, il est tenu et réputé pour absent. Il teste ; laisse des héritiers, ce que le simple étranger ne ferait pas ; il est libre ; la guerre ouverte, il retourne en son pays, *suo jure non jure postlimini*. Il ne faut donc pas dire qu'en cas de crime on pourrait bien lui faire son procès, car il est absent ou tenu pour tel. »

La théorie de Ayrault, formulée pour la première fois par Grotius, a un grand retentissement dans la science du droit. Une réaction complète se produit. Les jurisconsultes cessent de torturer les textes du Digeste et d'appliquer le *Jus domum revocandi*. Presque tous se déclarent partisans de la fiction d'exterritorialité, qui paraît une vérité évidente et indiscutable. Mais en général ils ne savent pas l'étudier d'une façon complète. Ils manquent de méthode. Ils n'exposent pas la question avec ampleur, ne font pas ressortir tous les avantages du principe. On ne peut citer comme auteur ayant vraiment discuté la question au point de vue juridique et au point de vue pratique que Bynkershoek (1). Il a donné à la fiction une forme plus précise et plus complète qui met en une lumière plus évidente certains

_____

(1) (1673-1743), *de foro competente legatorum.*

points restés moins connus parce qu'ils étaient moins explicitement formulés. « En règle générale, dit-il, quand il s'agit d'appeler en justice un ambassadeur, il faut le considérer comme s'il n'était pas dans le lieu où il réside, s'il n'y avait pas contracté, si en qualité d'ambassadeur il n'y avait aucuns effets ; car son ambassade ne lui a point fait changer de domicile, et il n'est pas censé non plus avoir changé de juridiction... Les ambassadeurs, pendant qu'ils sont en mission ne changent point de juridiction, mais ils demeurent toujours dépendants de celle qu'ils doivent reconnaître avant leur ambassade dans les terres de leur prince. »

La fiction fut créée uniquement au profit des ambassadeurs. Grotius ne parle que de ces derniers. Mais bientôt le mécanisme parut ingénieux, les auteurs élargirent le cercle des applications. Ils firent bénéficier de la fiction les souverains et l'armée en pays étranger, les Occidentaux en Orient. Ces personnes en effet continuent d'être soumises aux lois de leur pays pour toutes les affaires qui concernent leur état personnel et leurs biens. Aucune action ne peut être intentée contre elles devant les tribunaux du lieu de leur résidence. Leur situation présente donc beaucoup d'analogie avec celle des agents diplomatiques. Rien de plus simple que de leur appliquer la fiction : ces personnes sont censées, quoique résidant de fait dans un pays étranger, résider de droit sur le territoire de leur pays : c'est la fiction des ambassadeurs.

Pufendorf (1), sans traiter *ex professo* cette question, reproduit l'idée dominante du système de la fiction. « Quoique chacun soit le premier dans les terres de son obéissance, les rois, de même que leurs ambassadeurs, sont censez, par une espèce de fiction, être hors des terres du prince, dans le païs duquel ils sont entrez de son consentement, avec tout l'éclat et toutes les marques de leur dignité. »

Chez G. de Martens (2) nous retrouvons des données analogues : « Un usage universellement reconnu en Europe accorde l'exterritorialité à toutes les têtes couronnées et à d'autres princes régnants et souverains », § 172. « Le ministre pour sa personne, pour les gens de sa suite, pour son hôtel, ses carrosses et ses biens meubles est dans la généralité, considéré en sens de droit comme s'il n'avait point quitté l'Etat qui l'envoie et continuait à vivre hors du territoire dans lequel il réside », § 215.

Dans la période moderne une division s'est produite dans la doctrine pour l'explication des immunités accordées aux personnes du droit international. Des auteurs de grand renom sont partisans du système de la

---

(1) *Le droit de la nature et des gens ou système général des principes les plus importants de la morale, de la jurisprudence et de la politique*, par le baron de Pufendorf, traduit par Barbeyrac, livre VIII, chap. IV, § XXI, t. 2, p. 523.

(2) *Précis du droit des gens moderne de l'Europe*, augmenté des notes de Pinheiro-Fereira, par Vergé.

fiction. Nous citerons notamment : Heffter (1) qui trouve une formule courte et forte : « L'exterritorialité est une immunité de droit public dont jouissent certaines personnes, immunité qui a pour objet de les exempter des pouvoirs de l'Etat dans lequel elles résident effectivement. Par une espèce de fiction légale on considère généralement ces personnes comme n'ayant pas quitté le territoire de leur nation. »

Wheaton (2) qui est imprégné des idées de la fiction, tout en ne touchant du reste qu'incidemment à la question : « On a inventé la fiction de l'exterritorialité par laquelle on suppose que le ministre quoique résidant actuellement en pays étranger, demeure encore sur le territoire de son propre souverain. »

Sir Travers Twiss (3) qui fait comprendre mieux que tout autre le mécanisme de la fiction : « Selon cette fiction, le ministre public, quoique résidant de fait (*de facto*) dans un pays étranger, est censé résider de droit (*de jure*) sur le territoire de la nation qu'il représente, et il continue d'être soumis aux lois de son pays pour toutes les affaires qui concernent son état personnel et ses biens. »

Calvo (4) qui réédite les idées connues : « par une espèce de fiction légale, commandée en quelque sorte par

---

(1) *Le droit international de l'Europe*, traduit par Bergson, 3e édition, 1873, p. 86, § 42.
(2) *Eléments de droit international*, t. I, p. 199, § 14.
(3) *Le droit des gens ou des nations considérées comme communautés politiques indépendantes*, p. 340, n° 217, t. 1.
(4) *Op. cit.*, t. 1, § 522.

la situation élevée qu'elles occupent, les personnes qui représentent un Etat au dehors sont généralement regardées comme n'ayant pas quitté le territoire de leur nation et comme devant à ce titre échapper à la juridiction du pays où elles se trouvent pour rester exclusivement soumises aux lois de leur propre pays » (1) — « par suite de cette fiction qui suppose que, quoique résidant dans un autre pays, il demeure sur le territoire de son propre souverain, l'agent ou le ministre public reste toujours soumis aux lois de sa patrie, lesquelles continuent de régir l'état de sa personne et ses droits de propriété ; conséquemment il est exempt de la juridiction locale du pays où il est envoyé ; aucune action ne peut être formée contre lui devant les tribunaux du lieu de sa résidence ; aucune contrainte par corps, aucune saisie de ses biens ne peut y être exercée contre lui ; sa maison, considérée comme étant hors du territoire aussi bien que sa personne, n'est pas accessible aux officiers de justice du pays. Le personnel de la mission, l'épouse et la famille de l'agent participent à ces prérogatives, et ses enfants, bien que nés à l'étranger, sont regardés comme originaires du pays de leur père. »

Foelix (2), qui se range à l'idée dominante : « Le souverain, bien qu'il soit temporairement sur le territoire d'une autre puissance, est censé néanmoins, par une fiction du droit des gens moderne de l'Europe, se trou-

(1) P. 581, § 506.
(2) *Droit international privé*, p. 414, nº 209, t. 1.

ver toujours dans son propre territoire et il jouit de toutes les prérogatives inhérentes à la souveraineté. »

Nous pourrions continuer cet exposé de la fiction d'exterritorialité par des citations de Phillimore (1), Merlin (2), Klüber (3), Neumann (4), Bluntschli (5). Nos citations ont pu paraître longues. Mais il était nécessaire de présenter la pensée des partisans de la fiction dans son plein développement.

En présence de ces auteurs se trouvent d'autres auteurs, qui, après avoir analysé les conséquences qui découlent de la fiction et remarqué que plusieurs d'entre elles ne peuvent s'accorder avec la pratique du droit international, rejettent la fiction comme insuffisante et comme inexacte (6). Pour eux la raison déterminante des prérogatives diplomatiques « c'est la nécessité d'assurer aux représentants des gouvernements étrangers toute la sécurité et toute l'indépendance dont ils ont besoin pour l'accomplissement de leur mission ».

Comme leur système est celui que nous défendons, il nous suffit de signaler ici son existence ; nous l'étudierons en détail dans la suite de notre travail.

Après avoir indiqué à quelle époque parut la fiction

(1) Phillimore, *Droit international*, t. II, p. 205 et suiv.
(2) Merlin, *Répertoire*, V° *Ministre public*.
(3) Klüber, *Droit des gens moderne de l'Europe*, p. 292, § 204.
(4) Neumann, *Droit des gens moderne européen*, p. 258, § 61.
(5) Bluntschli, *Droit international codifié*, p. 124, art. 135.
(6) Pinheiro-Fereira, Hall, Ortolan, Esperson, Pradier-Fodéré, Bonfils (p. 387).

de l'exterritorialité, cité les auteurs qui la créèrent et
en présentèrent l'explication, nous devons faire un peu
d'histoire interne, rechercher les motifs qui ont poussé
ces auteurs à imaginer ce genre d'explication et dire
pourquoi cette explication eut un si grand retentissement dans le droit international.

Une remarque importante s'impose qui empêchera
les confusions. Les auteurs qui sont partisans de la fiction d'exterritorialité ne l'entendent pas tous dans le
même sens. Les uns voient dans la fiction d'exterritorialité la raison d'être des immunités diplomatiques. Pour
les autres la fiction n'est pas l'explication, la cause de ces
immunités, elle en est seulement la forme juridique.

Le système de la fiction-explication peut se formuler
de cette façon : par suite de la fiction, certaines personnes du droit international public sont inviolables et
sont exemptes de la juridiction de l'Etat sur le territoire duquel elles se trouvent.

Le système de la fiction-formule ne suit pas le même
raisonnement : il admet comme le premier système que
certaines personnes sont indépendantes de la souveraineté des Etats, mais pour lui ces prérogatives ne dérivent pas de la fiction ; elles trouvent leurs explications
dans des motifs spéciaux, tels que la souveraineté des
Etats, l'accord international. Ce n'est qu'après avoir
déterminé les motifs, que ce système fait appel à la
fiction (1).

_____

(1) Nous aussi, nous donnons une explication diverse aux immunités

Pour le premier système la fiction est la raison première, la cause, le principe des immunités. Les immunités existent non pour telle ou telle raison de nécessité, d'indépendance des nations, mais parce que la fiction existe. Sans fiction pas d'immunité.

Dans le deuxième système sans immunité pas de fiction ; c'est l'immunité de juridiction qui explique la fiction.

Ce serait une erreur de croire que l'existence de ces deux systèmes remonte au temps de Grotius. Grotius avait créé le système que nous avons appelé le système-formule, et les jurisconsultes de son époque avaient suivi sa doctrine sur ce point. Ce n'est que plus tard que l'idée du système-explication se fit jour. L'origine de la fiction fut oubliée ; l'habitude fut prise de la considérer comme cause des immunités diplomatiques.

Nous voyons donc que pour la manière de comprendre la fiction, comme pour l'étendue de ses applications, la doctrine de Grotius fut profondément modifiée par les jurisconsultes.

Donnons maintenant le raisonnement généralement tenu par les partisans de la fiction.

La souveraineté de l'État est en principe territoriale.

et prérogatives de chaque catégorie de personnes : ce n'est qu'après avoir étudié ces explications que nous nous servons de l'expression exterritorialité. Mais pour nous, et c'est en cela que nous nous séparons du système de la fiction-formule, elle ne représente aucune fiction.

Toutes les choses, toutes les personnes qui se trouvent sur son territoire doivent être soumises à sa juridiction ; inversement toutes les personnes, toutes les choses qui ne sont pas dans les limites de son territoire échappent à sa souveraineté.

Or il existe en droit international public certaines personnes qui, se trouvant à l'étranger, sont exemptes de la juridiction territoriale, civile et pénale. Elles vivent de la vie des nationaux, exercent avec eux des relations d'amitié et d'affaires ; leurs fonctions les obligent même à se trouver continuellement sur le territoire étranger ; et pourtant l'Etat sur lequel elles se trouvent n'a aucun pouvoir sur elles : qu'elles commettent des délits, qu'elles négligent de payer des dettes, les juridictions territoriales ne peuvent les juger.

Comment cette situation peut-elle se concilier avec le principe de la territorialité de la souveraineté?

L'explication la plus juridique et la plus simple consiste à dire que les personnes privilégiées ne se trouvent pas sur le territoire de l'Etat qu'elles habitent ; par une fiction elles sont censées se trouver sur leur territoire national. Avec cette supposition le principe est respecté et les immunités sont expliquées.

Le raisonnement s'applique à tous : aux ambassadeurs, aux souverains, aux armées en pays étrangers, aux Occidentaux en pays d'Orient et d'Extrême-Orient. Le ministre public n'habite pas le pays où il est accrédité ; le souverain ne se trouve pas sur le territoire qu'il

traverse ; les ressortissants des Etats chrétiens ne sé-
journent pas dans les pays musulmans ; l'armée n'est
pas dans l'Etat qu'elle occupe.

Ce système porte le nom de système de la fiction
d'exterritorialité, et avec raison. Il présente l'élément
de la fiction, l'admission d'un ordre de choses contraire
à l'ordre de choses existant réellement.

Tous les auteurs ne présentent pas l'argument sous
une forme bien nette. Il est même à remarquer que la
plupart sont brefs d'explications. Ils admettent la fiction, mais souvent ne disent pas par suite de quelle
opération intellectuelle ils ont été amenés à l'imaginer.
Pourquoi est-ce la fiction de l'exterritorialité et non une
autre ? Ils ne le disent généralement pas. Ils ne s'atta-
chent pas à montrer qu'elle a été admise par suite de
l'analogie qui existe entre la situation des ambassadeurs et la situation des personnes se trouvant sur un
territoire étranger. Le peu de précision du langage
amène des controverses et des inconséquences. Cette
confusion du langage n'est du reste qu'une image de
celle des idées.

# PREMIÈRE PARTIE

## RÉFUTATION DU SYSTÈME DE LA FICTION D'EXTERRITORIALITÉ.

# PREMIÈRE PARTIE

## RÉFUTATION DU SYSTÈME DE LA FICTION D'EXTERRITORIALITÉ.

La théorie de la fiction d'exterritorialité, très répandue, défendue par des jurisconsultes et des publicistes de talent, n'est pas conforme à ce qui nous paraît être la réalité. Le concert de tous les auteurs que nous avons cités devrait nous remplir de défiance vis à-vis de nous-même. Nous devrions hésiter à ne pas adopter leur manière de voir. Nous gardons cependant notre conviction. Les critiques que l'on peut faire à la fiction d'exterritorialité sont si nombreuses qu'elle ne peut être l'explication des immunités internationales. « Parmi les nombreuses fictions que les jurisconsultes de l'école positive inventèrent pour suppléer aux principes d'une véritable jurisprudence, aucune n'est plus fausse que celle de l'exterritorialité, soit qu'ils l'appliquent aux monarques voyageant en pays étranger, soit qu'il s'agisse du ministre diplomatique dans les Etats du gouvernement auprès duquel ils sont accrédités » (1).

Une plus grande réflexion, une étude plus approfon-

(1) Pinheiro-Fereira, notes sur le *Précis du droit des gens*, par Martens, t. II, § 171.

die aurait amené ses partisans à reconnaître que bien
des conséquences leur ont échappé à une première ob-
servation. S'ils avaient remarqué attentivement la situation faite aux Ministres, aux Souverains par le droit
international, ils auraient été amenés à modifier leur
opinion. Pour réfuter les arguments donnés en faveur
de la fiction d'exterritorialité, nous devons nécessairement l'examiner sous ses différentes faces, la décom-
poser en ses plus simples éléments, étudier avec soin
les résultats auxquels elle conduit.

La fiction d'exterritorialité qui semble devoir donner
en pratique les plus heureux résultats, repose au point
de vue théorique sur une base peu solide. Le raisonnement contient un cercle vicieux. En effet, pourquoi à la
différence de ce qui existe pour tous les étrangers, sup-
pose-t-on que les souverains, les ambassadeurs se trouvent sur le territoire de leur pays? Pourquoi leur appli-
que-t-on la fiction d'exterritorialité? Il doit exister une
raison, ce n'est pas par caprice que l'on a imaginé pour
eux cette situation. « On leur applique la fiction, répondent les partisans du système, pour expliquer leur
inviolabilité et leur immunité de la juridiction territoriale. » Mais pourquoi jouissent-ils de l'inviolabilité et
de l'exemption de la juridiction territoriale? « Parce
qu'ils se trouvent en pays étranger. » Et ainsi de suite:
on explique la fiction par les immunités et les immunités par la fiction. Il manque donc quelque chose au

raisonnement. Au-dessus de la fiction doit exister une raison qui nous dira pourquoi les immunités existent.

Développons ce point. Il nous semble capital.

Nous pouvons présenter l'objection sous le dilemme suivant : « De deux choses l'une : ou vous admettez que la fiction n'est pas la cause des immunités dont jouissent les personnes du droit international public, que la véritable raison des prérogatives est l'indépendance et la souveraineté des États que ces personnes représentent, ou vous admettez que c'est de la fiction d'exterritorialité que dérivent les immunités.

Les deux hypothèses sont insuffisantes.

Dans la première la fiction est inutile, puisque,même si on l'admet, il faut recourir à d'autres raisons pour expliquer les immunités. Il est superflu de nous embarrasser par une fiction.

Dans la deuxième nous aboutissons au cercle vicieux. En effet si les immunités résultent de la fiction, il faut savoir en premier lieu pour quelle raison on admet cette fiction. Les ministres publics, les souverains sont exempts de la juridiction locale parce qu'une fiction les suppose résider dans leur pays d'origine, bien que réellement ils ne s'y trouvent pas. Pourquoi cette fiction ? Pourquoi cette supposition pour certaines personnes et non pour toutes ? Parce que, dit-on, les souverains, les ministres publics doivent nécessairement être dans une situation particulière. Mais pourquoi jouissent-ils d'une situation particulière ? La fiction n'existe qu'après l'exis-

tence des immunités : il faut remonter plus haut que la
fiction, recourir à une autre explication. La fiction est
donc inutile dans cette hypothèse comme dans la première.

A un autre point de vue la fiction d'exterritorialité
contient encore un cercle vicieux : l'inviolabilité des
ambassadeurs existait avant qu'on eût imaginé que les
ambassadeurs résidaient à l'étranger.

La fiction d'exterritorialité ne satisfait donc pas l'esprit. Nous croyons pouvoir attribuer ce résultat à la
fausseté de son mécanisme. Certains vont plus loin ; ils
lui reprochent de présenter un élément contraire à la
réalité des choses : nous ne pouvons être de cet avis ;
nous critiquerons ces auteurs dans la suite de notre
étude, car la nature de la fiction exige nécessairement
une situation qui n'est pas réelle ; ce que nous repro-
chons aux jurisconsultes, c'est d'avoir fait appel à un
procédé qui, dans l'hypothèse qui nous occupe, présente
des inconvénients énormes, sans offrir d'avantages sérieux, et devient une source de controverses. Car « en
fait l'ambassadeur est bien ici et non pas là ; son hôtel,
ses équipages sont bien sur le territoire et non pas sur
cet autre ; la population qui l'entoure, les relations qu'il
a avec elle, les événements qui se passent chaque jour,
se réfèrent bien à ce pays et non pas à cet autre. La
fiction de l'exterritorialité se trouve en perpétuelles con-
tradictions avec les faits, de telle sorte que, lorsqu'on
veut développer les conséquences, on est obligé de re-

culer devant un grand nombre, et que, d'accord sur la
fiction, on n'est plus d'accord sur l'application qu'il s'a-
git d'en faire. On croit avoir donné une formule de solution, on n'a donné qu'une image fausse, occasion de
controverses multiples, sous laquelle s'efface et disparaît la véritable raison de décider » (1). S'il était une
matière où ne devait pas entrer la fiction, c'était celle
des immunités diplomatiques. Nous croyons plus juridique de rester dans la réalité. Il est inutile d'imaginer
des situations fausses qui ne pourront jamais faire ou-
blier celles qui existent.

Une autre critique que nous formulons contre la
fiction d'exterritorialité, est qu'aucun texte n'en fait
mention. Or la fiction est en droit une explication
exceptionnelle : il faut un texte formel qui en permette
l'application. Au premier abord l'article 75 de la loi du
28 mai 1836, relative à la poursuite et au jugement des
contraventions, délits et crimes commis par des Français
dans les Échelles du Levant et de Barbarie semble être
ce texte : « Les contraventions, les délits et les crimes
commis par des Français dans les Échelles du Levant et
de Barbarie seront punis des peines portées par les lois
françaises. » Mais qu'on ne s'y trompe pas. Le système
de la fiction d'exterritorialité existait avant le texte de
1836. De plus cette loi ne parle que de l'organisation de
la juridiction pénale, et seulement pour les Occidentaux

(1) Ortolan, p. 214.

dans les pays d'Orient et d'Extrême-Orient. Enfin nous
démontrerons plus loin que ce texte ne fait pas allusion
à la fiction : il peut être interprété d'une façon claire
par les principes élémentaires du droit.

Un autre reproche que nous pouvons faire au système
de la fiction est qu'elle est inutile dans la question qui
nous occupe. Nous l'avons déjà fait entendre incidemment. Les immunités des souverains, des ministres
publics, des soldats d'une armée en pays étranger, des
Occidentaux en Orient et Extrême-Orient ont leur raison
d'être dans le caractère représentatif, dans la nature
des fonctions, dans les conventions.

Nous donnons un fondement scientifique aux privilèges, nous trouvons une explication dans les exigences
de la vie internationale. Pourquoi imaginer une fiction ?

On nous objectera peut-être que la fiction est utile
pour conserver au ministre public son domicile dans
son pays. Cette objection est plus spécieuse que solide.
Dans la majorité des législations, les fonctions diplomatiques ne font pas changer le domicile. Spécialement
pour la France, nous avons les articles 106 et 107 du
Code civil qui sont formels sur ce point, article 106 :
« Le citoyen appelé à une fonction publique temporaire
ou révocable, conservera le domicile qu'il avait auparavant, s'il n'a pas manifesté d'intention contraire » ;
article 107 : « L'acceptation de fonctions conférées à

vie emportera translation immédiate du domicile du fonctionnaire dans le lieu où il doit exercer ses fonctions. » Il faut donc, pour que le citoyen appelé à une fonction perde le domicile qu'il a, que la fonction soit perpétuelle et irrévocable, qualités que ne possède pas la fonction diplomatique. L'agent diplomatique français conserve son domicile en France ; seule sa résidence se trouve dans le pays où il est accrédité.

Donc au point de vue de la législation, on ne peut admettre la fiction.

Nous arrivons à une objection grave : avec la fiction la situation des agents diplomatiques est incompréhensible. La situation faite par la fiction aux agents diplomatiques ne correspond pas à la situation qui leur est faite par le droit international.

En effet, le ministre public pour les actes qu'il passe dans le pays où il est accrédité peut observer les lois de ce pays ou suivre les formalités de sa loi nationale. Or ce choix ne se comprend pas, si on lui applique la fiction d'exterritorialité. Prenons l'exemple d'un ministre français à l'étranger : il est censé, d'après la fiction, se trouver à tout moment sur le territoire français. Il doit donc agir comme un Français se trouvant en France. Or un Français doit en France suivre les prescriptions de la loi française, à peine de nullité de l'acte qu'il fait. La loi française est obligatoire en France pour tous les Français. Donc l'ambassadeur Français ne peut d'aucune façon bénéficier de la maxime *Locus regit actum*, et suivre pour la forme des actes, les prescriptions de l'Etat près duquel il est accrédité.

« Mais, nous diront peut-être les partisans de la fiction, nous pouvons retourner contre vous l'argument que vous nous opposez. Avec la fiction d'exterritorialité, dites-vous, on peut expliquer la faculté donnée aux agents diplomatiques de suivre les formes établies par les lois du pays où ils se trouvent. Nous vous répondons que la situation de l'agent n'est pas plus compréhensible dans votre système : car sans la fiction on ne peut expliquer la faculté à lui laissée de suivre les règles de sa loi nationale. Sans la fiction l'ambassadeur est tenu de suivre pour la forme des actes relatifs à sa personne et à ses biens les lois territoriales, c'est-à-dire les lois étrangères. Comment justifier la faculté donnée à un agent français, sur un territoire étranger, de ne pas suivre la loi territoriale, si on n'admet pas que la parcelle de terrain sur laquelle il se trouve, est un territoire français ? La souveraineté de cet Etat étranger, le droit pour lui de réclamer l'application de sa loi dans toutes les parties de son territoire, s'opposent à cet abus de pouvoir de la part d'un représentant d'un Etat étranger. »

Il n'en est rien. La maxime *Locus regit actum* est facultative. Si, grâce à elle, le ministre public peut suivre les règles de la législation étrangère, il n'est pas forcé de le faire ; il peut suivre les règles de sa loi nationale, et cela pour raison d'utilité. Il peut y avoir grande difficulté, impossibilité même à connaître la législation territoriale. Cette faculté laissée au ministre public constitue une exception à la maxime *Locus regit actum* prise au pied de la lettre, mais une exception nécessaire, admise par toutes les législations.

Dans le système de la fiction au contraire, le ministre public doit suivre uniquement sa loi nationale. Aucune raison n'existe pour lui donner le pouvoir de suivre les prescriptions de la loi étrangère : premièrement, aucune raison juridique : une personne se trouvant dans son pays ne peut se servir des lois d'un autre pays. Deuxièmement : aucune raison d'utilité : l'ambassadeur connaît mieux sa loi nationale que la loi étrangère.

La conclusion est qu'avec le système de la fiction, le ministre public en pays étranger a une situation moins avantageuse que ses compatriotes habitant le même pays.

Poussons la fiction jusque dans ses dernières conséquences.

D'après la fiction le ministre public réside sur le territoire de la nation qu'il représente, de la France par exemple, tout en résidant de fait en pays étranger. Supposons qu'il désire passer un contrat avec un régnicole, et que ce régnicole soit obligé de suivre les formalités de la loi locale. Quelle loi sera appliquée ? la loi française? Impossible, car si elle régit le ministre public, elle ne régit pas le contractant étranger. Celui-ci réside de droit et de fait dans son pays : il doit suivre sa loi nationale. La loi étrangère? Mais le ministre est toujours supposé avoir pied sur une parcelle du territoire français. Un Français habitant la France ne peut appliquer la loi étrangère. Donc, avec le système de la fiction, les deux parties ne peuvent contracter.

Autre conséquence que l'on ne peut admettre, mais qui pourtant découle logiquement de la fiction : supposons que le contrat que désire passer le ministre public est soumis à certaines formes prescrites à peine de nullité. Il s'agit par exemple d'une donation entre vifs. D'après la loi française, articles 931 et 932 du Code civil, le notaire est le seul officier public compétent pour recevoir les donations et en dresser acte. Point de notaire dans le pays où le ministre est accrédité ; que devra-t-il faire ? Il doit pourtant, puisqu'il est en France, suivre les prescriptions de la loi française.

Si au point de vue des contrats la fiction d'exterritorialité rend la situation du ministre public à l'étranger plus difficile que celle de ses compatriotes, cette même fiction a une autre conséquence tout aussi fâcheuse au point de vue de l'exemption de juridiction. Elle ne peut expliquer l'immunité de la juridiction civile dont le ministre jouit.

En effet le ministre public qui représente en France

un Etat étranger est supposé ne pas se trouver en France, et continuer sa résidence sur le territoire de l'Etat qui l'accrédite. Par rapport à l'Etat français, il est un étranger se trouvant à l'étranger. Il peut donc être traduit devant les tribunaux de France pour les obligations qu'il a contractées avec un Français. L'article 14 du Code civil est formel : « L'étranger même non résidant en France pourra être cité devant les tribunaux français, pour l'exécution des obligations par lui contractées en France avec un Français : il pourra être traduit devant les tribunaux de France pour les obligations par lui contractées en pays étranger envers des Français. » Les partisans de la fiction doivent donc avoir recours à une autre raison pour expliquer la pratique, admise par toutes les législations, de ne pas soumettre les ministres publics à la juridiction civile. Il nous semble plus logique de la donner immédiatement et de ne pas passer sur le terrain de la fiction. La fiction ne fait qu'embrouiller une situation claire.

Mais n'exagérons pas. Si, dans la législation française, la fiction d'exterritorialité ne peut expliquer l'immunité de la juridiction civile, elle suffit pour expliquer l'immunité de la juridiction pénale. En effet, le seul cas où un étranger, ayant commis un délit à l'étranger, peut être poursuivi et jugé en France est prévu par l'article 7 du Code d'instruction criminelle. Or le ministre public accrédité en France, qui commet un délit en France est, d'après la fiction, un étranger ayant commis un délit en dehors du territoire de France. Il ne peut donc pas être poursuivi en France pour les cas autres que celui prévu par l'article 7, mais il peut être poursuivi dans ce cas. Que dit l'article 7 ? « Tout étranger qui hors du territoire de la France, se sera rendu coupable soit comme auteur, soit comme complice, d'un crime attentatoire à la sûreté de l'Etat, ou de contrefaçon du sceau de l'Etat, des monnaies nationales ayant cours, de papiers nationaux, de billets de banque autorisés par la loi, pourra être poursuivi et jugé d'après les dispositions des lois françaises, s'il est arrêté en France ou si le gouvernement obtient son extradition ». Pour ces délits, il semblerait que l'ambassadeur est passible de la juridiction française. La fiction serait donc insuffisante, puisque le ministre public jouit de l'immunité la plus complète en matière pénale ; mais ses partisans font remarquer avec raison que la poursuite de l'article 7 est soumise à l'une ou l'autre de deux conditions, qui ne peuvent recevoir leur réalisation en ce qui concerne les ministres publics. La première est l'arrestation du délinquant en France : elle ne peut se produire pour le ministre, puisque tant que dure sa fonction, ce délinquant est censé être en pays étranger. La seconde est son extradition : elle est impossible, puisqu'un Etat n'extrade pas ses nationaux. La fiction peut donc rendre compte de l'immunité criminelle, en France tout au moins ; cette restriction nous permet de faire une critique : comment la fiction expliquera-t-elle l'immunité pénale dans les pays où il n'existe pas d'article analogue à notre article 7 ?

Dans le système de la fiction d'exterritorialité, on ne peut expliquer la soumission des agents diplomatiques à certains impôts, comme les patentes, les contributions directes. L'argumentation est toujours la même. Puisque l'agent diplomatique se trouve sur le territoire de son propre pays, pourquoi est-il soumis aux charges d'un pays où il n'est pas? On objectera que cette soumission aux impôts est une exception apportée au principe de la fiction dont l'application rigoureuse ne peut se faire sans inconvénients. Cette objection est spécieuse. Nous trouvons plus rationnel de donner immédiatement la vraie raison d'une situation, que d'en donner une explication, plus frappante peut-être au premier abord, plus synthétique, mais qui laisse de nombreuses règles sans explication.

Cette soumission des ministres publics aux impôts territoriaux, nous l'expliquons par ce fait qu'elle ne gêne en rien l'exercice des fonctions diplomatiques, et qu'elle n'est pas contraire à la souveraineté des Etats.

La fiction d'exterritorialité appliquée au ministre public conduit logiquement à l'exterritorialité de son hôtel. En effet si le ministre est censé se trouver sur le territoire de l'Etat qu'il représente, son habitation doit être située sur ce même territoire. Elle constitue une terre étrangère au milieu d'un pays, une colonie qui doit être soumise aux lois de la mère-patrie.

De cette exterritorialité de l'hôtel du ministre public découlent des conséquences importantes : 1° L'hôtel du ministre se trouvant sur le territoire d'un Etat étranger, si des personnes n'ayant aucune mission diplomatique y commettent un délit, ces personnes sont soumises à la juridiction de cet Etat, tant qu'elles se trouvent dans l'hôtel. Si elles quittent l'hôtel, c'est-à-dire le territoire étranger pour rentrer sur le territoire national, leurs délits seront poursuivis et punis par les tribunaux nationaux comme les délits commis en pays étranger. 2° L'exterritorialité de l'hôtel aboutit au droit d'asile : comme tout territoire étranger, l'hôtel est un lieu de refuge pour les criminels ; d'où 3° si les coupables, après avoir commis leurs délits en dehors de l'hôtel peuvent s'y réfugier, les tribunaux de l'Etat, sur le territoire duquel le délit a été commis, doivent demander l'extradition des fugitifs pour pouvoir les punir. C'est la seule voie à suivre puisque les coupables dans la demeure du ministre public sont sur le territoire étranger. Or les formalités de l'extradition sont longues et coûteuses. De plus comment agir si les Etats n'ont pas signé de traité d'extradition ?

Toutes ces conséquences semblent inadmissibles au premier abord. Elles sont pourtant les déductions logiques de la fiction : si l'on admet que l'hôtel du ministre public est une terre étrangère, le pouvoir local ne peut y exercer aucun droit ; il commettrait un abus de souveraineté.

On nous objecte que l'exterritorialité de l'hôtel est nécessaire pour assurer l'inviolabilité du ministre public. « Ces deux questions, dit-on, sont unies par un lien étroit. L'inviolabilité ne serait qu'un vain mot, si les agents du gouvernement étranger pouvaient à tout moment pénétrer dans l'hôtel. Or pour que cet hôtel ne puisse être visité par la police territoriale, il faut nécessairement décider qu'il est terre étrangère. De deux choses l'une : ou l'hôtel jouit de l'exterritorialité, c'est-à-dire constitue une portion du pays étranger, ou il reste territoire national. De l'adoption de la première hypothèse, découle la compétence des tribunaux de l'Etat auquel le ministre appartient ; l'adoption de la deuxième entraînera au contraire la juridiction des tribunaux, car l'Etat a le droit d'exercer sa souveraineté sur toutes les parcelles de son territoire. Comme nous venons de démontrer que la deuxième hypothèse est en opposition avec l'inviolabilité du ministre, il faut admettre la première, c'est-à-dire l'exterritorialité de l'hôtel. »

Notre réponse est facile. Il n'est pas question d'accoupler deux théories contradictoires, mais de comprendre qu'une situation est nécessaire au maintien d'un principe. L'hôtel du ministre public doit être protégé contre les recherches des agents du gouvernement local ;

nous l'admettons ; mais pour expliquer cette protection, il est inutile de supposer l'hôtel territoire étranger. Si les magistrats, les agents de douane et de police
ne peuvent pénétrer dans l'hôtel, c'est à cause du principe d'inviolabilité personnelle du ministre qui l'habite, c'est uniquement pour que cette inviolabilité soit
sauvegardée. Mais l'hôtel reste territoire national. Les
obligations qui y sont contractées, les délits qui y sont
commis sont contractés et commis sur le sol national.
Si les contractants, si les délinquants ne font pas partie
du personnel de l'ambassade ou ne remplissent pas une
mission auprès du ministre, ils sont soumis à la juridiction territoriale.

Dans la discussion qui précède, nous avons parlé
uniquement des ministres publics ; c'est avec intention :
l'étude de leur situation nous semble plus importante
que celle de la situation des souverains et des armées
en pays étranger : la mission du ministre public est
continue et s'accomplit dans tous les pays. Mais nous
pourrions reprendre tous les arguments que nous venons de donner et les appliquer aux Souverains, à l'armée dans les pays étrangers, aux ressortissants des Etats
chrétiens dans les pays d'Orient et d'Extrême-Orient.
La fiction d'exterritorialité est inexacte et insuffisante
pour eux comme pour les ministres publics.

Il nous est difficile d'expliquer pourquoi la fiction
d'exterritorialité a joui si longtemps de la faveur géné-

rale. On ne peut guère expliquer sa longévité que par l'autorité de Grotius : personne pendant longtemps n'a osé penser autrement que le fondateur du droit international public.

M. de Heyking donne une autre explication de cette faveur. « La raison en est qu'on a trouvé plus commode de s'en tenir au vague de la fiction, pour ne pas suivre le chemin difficile de l'indication précise de chaque privilège exterritorial en particulier. On se plaît à faire des abstractions hardies... au lieu de préciser l'étendue des privilèges accordés, on tranche le nœud souvent embrouillé de l'interprétation par une décision aussi judicieuse que subtile : L'ambassadeur est censé être... on s'arrête à ce raisonnement et on croit avoir tout dit » (1). La fiction est un moyen dont se sert la science du droit quand elle est encore dans son enfance et ne repose pas sur des bases solides. En notre matière les jurisconsultes en ont fait usage, n'ayant pas su pénétrer toutes les difficultés des immunités du droit des gens.

Si la fiction d'exterritorialité n'était pas une règle léguée par les siècles passés, personne de nos jours n'aurait l'idée de l'inventer. Ayant fait son apparition avec le droit international public, elle fut considérée comme nécessaire à l'existence même des relations internationales et à leur développement normal ; elle fut respectée à l'égal d'un dogme auquel on n'osa toucher de crainte de toucher au droit international lui-

_____

(1) De Heyking, *op. cit.*, p. 87.

même. Pendant deux siècles, les jurisconsultes l'acceptèrent par routine, parce qu'il n'existait pas d'autre explication.

De nos jours ce système perd des partisans. C'est le sort de tous les systèmes se basant sur les fictions. La science actuelle du droit considère les fictions comme des procédés surannés. Son désir est de les remplacer par des explications tirées de l'état réel des choses. « Il serait temps de rejeter de la pratique comme de la théorie ces figures mensongères dont le droit romain et l'ancienne jurisprudence avaient beaucoup trop répandu le goût. Une fiction, c'est-à-dire, quelque chose de contraire à la vérité, ne saurait être une raison ; ceux qui ont le jugement droit l'acceptent tout au plus comme une manière paraissant plus commode et plus laconique d'exprimer une solution « on agira comme si..... ». Même prise dans ce sens, elle est pleine d'inconvénients, ainsi qu'on le voit par la fiction d'exterritorialité. On se mettrait bien plus facilement d'accord et l'on arriverait à des solutions bien plus concordantes, si, au lieu de les tirer d'une telle fausse supposition, on les cherchait simplement dans les conséquences raisonnables de ce qui est le véritable motif de décider, à savoir, la nécessité d'assurer aux ministres diplomatiques toute la sécurité et toute l'indépendance nécessaires à l'accomplissement de leurs fonctions » (1).

(1) Ortolan, t. 1, p. 215.

Au fur et à mesure qu'iront s'affaiblissant les idées de l'ancien droit, les fictions perdront leurs partisans.

« Fiction n'est pas raison !... ces paradoxes ridicules ne servent qu'à éblouir, à égarer, à donner à la réalité même un air de fable et de prodige » (1).

« La fiction est la ressource de la faiblesse ; c'est la supposition d'un fait contraire à la vérité. La fiction est donc indigne de la majesté du législateur. Il n'a pas besoin de feindre, il commande. Les fictions furent inventées par les préteurs romains, qui, dans l'impuissance d'abroger la loi, voulaient néanmoins y déroger, sous prétexte d'équité. Les jurisconsultes imitèrent les préteurs et usèrent des fictions dont l'usage leur parut commode, soit pour adoucir une loi trop dure, soit pour rendre leurs écrits plus méthodiques en apparence, en faisant dériver d'un même principe plusieurs décisions qui ne dérivaient pas de la même source » (2).

On peut par notre matière se rendre compte de l'abandon de plus en plus prononcé des fictions. Les auteurs modernes, qui acceptent encore la théorie de la fiction d'exterritorialité, ne la posent généralement plus aussi absolue et aussi forte que leurs prédécesseurs. Ils modifient l'opinion ancienne par des nuances, des adoucissements. Des résultats leur ont paru si extraordinaires, qu'ils les ont déclarés inacceptables.

_____

(1) Jérémie Bentham, *Traité de législation civile et pénale* publié en français par Dumont, t. 1, p. 114. Paris, 1802.

(2) Toullier, *Droit civil*, t. 4, p. 159, éd. 1824.

Ils étendent ou rétrécissent la fiction suivant les besoins de la cause. Ils ont une doctrine mixte, partant du principe de la fiction, mais en restreignant les conséquences dans une mesure plus ou moins large.

Certes pareille doctrine ne peut être admise. Elle aboutit à l'obscurité et à l'incertitude. L'union plus ou moins dissimulée de deux systèmes opposés est chose irrationnelle. Le principe de la fiction admis, on doit en tirer toutes les conclusions et ne pas rejeter celles qui sont en contradiction avec la pratique. Mais cette doctrine prouve la vérité de ce que nous avançons : l'abandon des théories basées sur les fictions. Le règne des fictions serait sur le point de disparaître.

# DEUXIÈME PARTIE

## RÉFUTATION DES SYSTÈMES DE LAURENT ET DE FIORE.

# DEUXIÈME PARTIE

RÉFUTATION DES SYSTÈMES DE LAURENT ET DE FIORE.

Nous avons combattu les partisans de la fiction d'exterritorialité. Tout n'est pas faux pourtant dans leur système ; loin de là. Ils sont dans le vrai et nous sommes d'accord avec eux lorsqu'ils admettent les prérogatives et immunités des ministres publics, des souverains. Le point litigieux entre eux et nous est seulement la question de savoir quelle est la raison de ces immunités et prérogatives. Nous arrivons maintenant à un système qui critique et la fiction et les immunités.

Il nous est difficile d'expliquer pourquoi, parmi les jurisconsultes traitant les questions de droit international, certains n'admettent pas les prérogatives des souverains, des ministres publics sur le territoire étranger, considèrent ces prérogatives comme manquant de cause et veulent les supprimer de la pratique internationale.
Serait-ce le désir de bâtir une théorie originale et par là de se créer un nom dans la science du droit ? Serait-ce la passion de l'égalité, l'impossibilité de créer une classe de privilégiés dans une société où tous les hommes sont égaux ?

Nous ne savons ; toujours est-il que des juristes après avoir parlé du droit international en termes éloquents, après avoir prouvé la nécessité de la société internationale avec des arguments irréfutables, grands mots expressifs, jolies phrases bien tournées, et en avoir déduit la nécessité pour les différents Etats d'établir entre eux des rapports ; après avoir posé en principe que de même que dans la société d'un Etat, dans la société d'une ville les différentes personnalités qui les composent doivent nécessairement se mettre en relations d'amitié et d'affaires, unir leurs efforts pour le bien général de la communauté, de même les différents Etats doivent s'aider, établir entre eux des liens de sympathie ; toujours est-il qu'après avoir si brillamment parlé, les mêmes jurisconsultes, quelques pages plus loin, critiquent la situation faite par le droit international aux ministres publics, qui pourtant sont les seuls qui puissent établir et maintenir les relations et qui ne peuvent s'acquitter de leur mission qu'à la condition d'avoir dans les pays où ils sont envoyés une situation privilégiée. Sans immunités pas de ministres publics, pas d'entente entre les nations.

De ces jurisconsultes le plus connu est Laurent, de son vivant professeur à Gand, auteur fécond qui a étudié le droit civil national et international. Laurent jouit d'une grande réputation, ce n'est donc pas sans hésitation que nous nous décidons à le combattre.

Laurent admet l'inviolabilité du ministre public et celle du souverain en voyage, mais non l'immunité de juridiction. Il critique les auteurs qui confondent l'inviolabilité avec cette immunité de juridiction : « à notre avis c'est une erreur. Que l'ambassadeur soit inviolable dans ce qu'il dit et fait comme représentant de son souverain, comme agent international, cela se comprend ; mais quel rapport y a-t-il entre l'inviolabilité et un privilège qui le place en dehors des lois et au-dessus des lois. L'inviolabilité doit être entière et elle suffit pour que les ministres remplissent leur mission de paix et de concorde ; ils n'ont pas besoin d'immunité » (1).

En théorie certainement la prérogative de l'immunité de juridiction est distincte de celle de l'inviolabilité ; aussi les rangeons-nous dans deux catégories différentes. On pourrait concevoir un ministre public inviolable et pourtant justiciable des tribunaux. Une sentence serait prononcée contre lui et ne pourrait être exécutée ni sur sa personne ni sur ses biens. Mais cette situation aurait pour résultat de jeter le ridicule sur le droit des gens. De plus elle causerait des ennuis sans donner de résultat satisfaisant. Les préliminaires de justice sont longs. Le ministre public dépendrait de la mauvaise foi de certains chefs d'Etat qui trop partisans d'une justice rigoureuse, feraient instruire contre lui uniquement pour lui causer préjudice. Il faut nécessairement admettre et l'inviolabilité et l'immunité de juridiction.

(1) Laurent, *Droit civil international*, t. III, p. 13, n° 10.

Plus loin (1) Laurent reproduit la même idée en termes nouveaux : « L'inviolabilité des ambassadeurs a été admise dès que les peuples ont eu la plus faible conscience du lien qui les unit. Mais de là à l'immunité de toute juridiction, il y a loin. On y est arrivé grâce au fétichisme de la royauté et à l'orgueil princier. Les princes étaient au-dessus des lois dans les limites de leur territoire : comment auraient-ils reconnu l'empire d'une loi étrangère ? De là la fiction de l'exterritorialité qui les répute toujours chez eux, là où ils sont les maîtres, là où Louis XIV, ce type de la vieille monarchie, pouvait dire : L'État c'est moi. Les princes voulurent qu'on les idolâtrât à l'étranger dans la personne de leur souveraineté. Les jurisconsultes, grands partisans du pouvoir royal, prirent au pied de la lettre les grands mots d'indépendance et de liberté que les rois ont toujours à la bouche quand il s'agit de couvrir des prétentions dictées par l'orgueil et la vanité. C'est ainsi que se forma l'étrange fiction de l'exterritorialité, la plus absurde que les légistes aient jamais inventée, car elle aboutit à réputer les ambassadeurs absents là où ils doivent être présents pour remplir leurs fonctions et présents là où leur ministère serait un non-sens, puisque le représenté n'a plus rien à faire là où se trouve le représentant. » — Page 42 : « La corruption par l'argent et la débauche, la trahison, la discorde, voilà les moyens

_____

(1) *Op. cit.*, p. 14, nº 11.

et le but de ceux qui s'enorgueillissaient d'être les représentants de la majesté royale : et les rois étaient com-
plices ! hâtons-nous d'ajouter que c'est de l'histoire. »

Voilà une déclaration bien nette. Les siècles passés
n'ont connu que malheur. La vie des peuples ne date
que de la Révolution ; c'est du jour où les hommes politiques n'ont plus pris au pied de la lettre les grands
mots d'indépendance et de liberté que la socité s'est véritablement formée. Quel aveu dans la bouche d'un par-
tisan de l'époque contemporaine ! Jadis le principe de
la liberté était reconnu et mis en pratique ; maintenant
ce principe est admis, mais on n'a plus la stupidité de
l'appliquer entièrement. Ces grands mots vides de sens
n'ont jamais été tant employés que de nos jours et jamais autant d'injustices n'ont été commises sous le cou-
vert de la justice et de l'égalité ! Quelle époque terrible
que celle des siècles passés ! « Les ambassadeurs dé-
daignaient de remplir leurs engagements. Ils adulté-
raient, ils assassinaient, ils conspiraient contre la vie
des souverains auprès desquels ils étaient accrédités :
on pouvait, sans trop leur faire injure, les appeler des
espions et des traîtres privilégiés... si l'on écrivait l'histoire des ambassadeurs, le lecteur croirait lire l'histoire des flibustiers », pages 14 et 15.

Ne croirait-on pas lire la réclame d'un roman émou-
vant ?

Au point de vue juridique, Laurent nous paraît
avoir mal traduit sa pensée : il combat la fiction d'ex-

territorialité parce qu'elle est absurde, parce qu'elle
aboutit « à réputer les ambassadeurs absents là où ils
doivent être présents pour remplir leurs fonctions et
présents là où leur ministère serait un non-sens puisque le représenté n'a plus rien à faire là où se trouve
le représentant ». Que Laurent n'admette pas la fiction
d'exterritorialité, nous le comprenons : nous partageons
son opinion à cet égard, puisque nous démontrons dans
le cours de notre travail que l'on peut donner une autre
cause aux immunités dont jouissent les ambassadeurs.
La fiction de l'exterritorialité se trouve en perpétuelle
contradiction avec les faits. Le ministre public est bien
sur le territoire et non pas sur cet autre. La situation
faite par la fiction est incompréhensible. Mais faisons
critique aux jurisconsultes de s'être servi de cette fiction
et non pas à la fiction d'entraîner des conséquences
contraires à la réalité. Il n'est pas juridique de s'élever
contre la fausse situation donnée par la fiction. La fiction exprime toujours l'idée d'une chose absurde, d'une
chose contraire à la réalité. S'il n'en était ainsi, il n'y
aurait pas de fiction. Dans notre hypothèse la fiction
consiste à réputer les ambassadeurs présents dans un
endroit où ils ne sont pas réellement. Si on disait que
les ambassadeurs sont présents là où ils sont en réalité,
nous serions devant l'évidence, nous ne pourrions plus
invoquer la fiction. Nous croyons donc que lorsque Laurent critique la fiction d'exterritorialité à cause des
conséquences absurdes qu'elle entraîne, il oublie le

sens du mot fiction : avec cette doctrine nous pourrions appliquer les mêmes reproches à toutes les fictions de droit : ainsi la représentation de l'article 739 du Code civil est une fiction de la loi dont l'effet est de faire entrer les représentants dans le degré du représenté, c'est-à-dire une fiction qui aboutit à réputer le représenté vivant et mort tout à la fois, vivant parce qu'il faut bien expliquer l'existence de ces droits dans lesquels entre le représentant par l'existence du représenté au moment de la mort du *de cujus*, et mort parce qu'en cas contraire le représentant ne pourrait avoir aucun droit. Ainsi la subrogation est une fiction qui fait revivre, au profit d'un tiers, une créance payée par ce tiers et par conséquent éteinte par rapport au créancier. Logiquement la créance est éteinte par le paiement, donc elle ne peut exister au profit du subrogé. Mais fictivement on la répute subsister avec tous ses accessoires au profit de ce subrogé.

Autre erreur : « à vrai dire cette fiction n'a été imaginée que pour expliquer l'immunité dont jouissent les ambassadeurs. Justifier un privilège par une fiction absurde est une singulière explication. Si l'immunité des agents diplomatiques n'a pas d'autre fondement, il faut avouer qu'elle n'a point de raison d'être. » page 17. — Précisément l'immunité des agents diplomatiques a un autre fondement. Nous rejetons la fiction, mais de ce que cette explication est fausse, rien ne peut faire dire qu'il n'en existe pas une autre.

« On se demande ce que le droit naturel a à faire dans ce débat. Un ambassadeur, au moment de quitter son poste, est poursuivi par ses créanciers ; il refuse de les payer, il leur oppose son immunité. Le droit naturel demande-t-il que le ministre soit dispensé de payer des dettes qu'il ne conteste pas, en se réfugiant derrière son immunité ? » page 21. — Le droit naturel demande que l'ambassadeur soit libre, qu'il soit complètement indépendant, pour remplir fidèlement ses fonctions, de la souveraineté de l'Etat près duquel il est accrédité. Or son indépendance serait un vain mot s'il pouvait être soumis à la juridiction locale.

Page 23 : « Non, il n'y a pas deux droits qui se combattent, de sorte que la justice prescrite par le droit politique doive être subordonnée, sacrifiée aux considérations que l'on puise dans le droit des gens. Il n'y a pas de droit contre le droit et jamais la justice ne doit se taire devant un intérêt politique, quelque considérable qu'il soit. Dans le conflit de l'intérêt et de la justice, c'est la justice qui l'emporte. L'intérêt public demande que les princes s'envoient des ambassadeurs. Soit, mais il y a un intérêt plus grand, pour mieux dire il y a un droit éternel et immuable, c'est que l'empire de la justice ne soit suspendu, sinon il n'y aurait plus de société : le droit de conservation va avant la facilité des relations internationales. » — Page 53 : « La justice est le fondement de l'ordre social. Il n'y a plus de société là où le droit n'est pas sauvegardé ; donc permettre aux princes étrangers de manquer à leurs engagements et commettre impunément des délits au préjudice des particuliers et de l'Etat même, c'est détruire la société dans ses fondements. »

Voici la pensée de Laurent :

La justice doit toujours être préférée à l'intérêt, même quand le droit d'une seule personne est en présence de l'intérêt d'une nation entière. C'est un principe qu'il faut admettre dans tous les cas, si on ne veut faire de la société un ensemble d'injustices.

Cette théorie offre plus d'un côté faible aux objections. Nous admettons qu'en règle générale la justice ne doit pas être sacrifiée à l'intérêt, que de particulier à particulier la justice doit seule être la règle des droits, que tout citoyen qui, par le fait d'un autre, a souffert dans sa personne ou dans ses biens un dommage illicite, a le droit de déférer aux tribunaux l'auteur de ce dommage. Mais nous ne pouvons accepter que dans l'hypothèse d'un particulier vis-à-vis d'une nation, l'intérêt de la nation ne doive pas, en certains cas, être préféré au droit du particulier. « La raison d'Etat, qui n'est autre chose que l'intérêt général, l'emporte sur l'intérêt particulier » (1). — « *Habet aliquid ex iniquo omne magnum exemplum, quod contra singulos utilitate publica rependitur* » (2). — « Qu'un ambassadeur s'endette et ne veuille point payer ce qu'il doit à des parti-

---

(1) M. Serrigny.
(2) Tacite, *Annales*, L. XIV, chap. XLIV.

culiers, qu'il les trompe de quelque autre manière, qu'il débauche leurs femmes, qu'il s'emporte même jusqu'à tuer quelque sujet de l'Etat, ce sont des actions d'un malhonnête homme ; mais il ne revient de là du tort qu'à quelques particuliers, et un tort dont les mauvais effets sont compensés par l'utilité publique des ambassades » (1).

Le droit du particulier existe ; la nation qui le viole le reconnaît, elle devra réparer le tort qu'elle cause, mais elle a le droit de causer ce dommage, elle en a même le devoir si ce droit du particulier est nuisible à la sûreté du pays et même si ce droit est un simple obstacle à son bien-être.

Un exemple de cette violation se rencontre dans le droit national, c'est l'expropriation pour cause d'utilité publique. Tous les jurisconsultes reconnaissent que dans ce cas la violation est nécessaire. Pourquoi ne pas admettre le même principe quand il ne s'agit plus de droit national, mais du droit des gens: la compensation qui dans le cas d'expropriation pour cause d'utilité publique est obtenue par la voie du jury, le sera en droit des gens par la voie diplomatique.

Nous ne nous trouvons donc pas devant un droit violé qui n'obtient aucune réparation, mais devant un droit violé qui obtient réparation par une voie extraordinaire. Le ministre public est exempt de la juridiction

(1) Barbeyrac dans ses notes sur Bynkershoek.

du pays où il exerce ses fonctions, mais dans son pays
d'origine il peut être poursuivi pour l'exécution de ses
contrats et la répression de ses délits. Dans ce pays une
procédure doit être organisée pour permettre aux parties lésées d'avoir une réparation du dommage causé.

Cette situation faite aux ministres publics par le droit
international n'est pas contraire aux principes du droit,
comme on serait tenté de le croire au premier abord. Il
y a dans notre droit des personnes qui ne sont pas soumises pour le jugement des crimes et délits qui leur sont
imputés aux mêmes règles de juridiction et de compétence que les autres citoyens. Ainsi les fonctionnaires
de l'ordre judiciaire aux termes des articles 479 et 480
du Code d'instruction criminelle ne sont pas justiciables
pour cause de délit des tribunaux de police correctionnelle : Ils ne peuvent être traduits que devant la Cour
d'appel, soit que les délits dont ils sont prévenus soient
relatifs à leurs fonctions, soit qu'ils soient au contraire
étrangers à leurs fonctions. De même avant la suppres-
sion de la garantie constitutionnelle par le décret du
19 septembre 1870, les agents du gouvernement ne
pouvaient être poursuivis sans l'autorisation du conseil
d'Etat.

On critique la suspension de l'exercice de la justice à
l'égard des ministres publics, mais pourquoi ne criti-
que-t-on pas l'article 14 de la loi du 16 juillet 1875, aux
termes duquel aucun membre de l'une ou de l'autre
Chambre ne peut, pendant la durée de la session, être

poursuivi ou arrêté, en matière criminelle ou correctionnelle, qu'avec l'autorisation de la Chambre dont il fait partie, sauf le cas de flagrant délit ? Cette prérogative a le même but que la prérogative diplomatique. Elle existe pour permettre le libre exercice du pouvoir législatif, comme la prérogative diplomatique existe pour assurer à l'extérieur la liberté des mandataires de la nation dans l'accomplissement de leurs fonctions. Elles sont moins des garanties personnelles que des garanties générales établies dans l'intérêt de tous.

La pénalité que nous appliquons au ministre public est la révocation, le rappel qui lui enlève le caractère représentatif et permet aux intéressés de demander dans son pays d'origine la réparation du dommage causé.

« Ce beau régime du bon vieux temps est passé. Les rois ne disposent plus de la liberté et de la vie des personnes. L'étranger lui-même trouve devant les tribunaux, en Belgique du moins, les mêmes garanties que l'indigène ; il ne dépend pas du roi d'en dépouiller les justiciables. L'ambassadeur jouit du droit commun et le droit commun suffit pour assurer sa liberté et son indépendance », page 24. Laurent part toujours du même principe : La société actuelle est changée : Les nationaux ne doivent plus craindre les tribunaux étrangers.

En général nous ne craignons pas les tribunaux

étrangers pour les ministres publics. Nous osons croire que les juges montreraient pour eux la même impartialité que pour les autres étrangers. Mais nous voulons que les ministres publics ne soient pas soumis aux ennuis et aux longueurs des juridictions étrangères. Nous voulons qu'ils n'aient pas à s'occuper de procédure. Leurs fonctions pourraient en souffrir.

D'ailleurs, malgré les affirmations de Laurent, tous les États depuis la révolution de 1789, n'ont pas obligatoirement à leur tête, des hommes se laissant guider uniquement par les principes de justice. Les gouvernements peuvent de nos jours comme sous l'ancien régime se servir de leurs tribunaux pour causer de l'ennui à l'ambassadeur d'une nation ennemie. Les immunités ont donc toujours leur raison d'être.

« Les ambassadeurs peuvent impunément manquer à la foi donnée, ils sont libres d'adultérer et d'assassiner à leur aise, il n'y a que les créanciers, les maris et les victimes de leur brutalité qui en souffrent », page 26. Laurent a le tort de supposer que tous les ambassadeurs sont des assassins, des gens de mauvaise vie, des débiteurs insolvables. De ce qu'une institution peut présenter en certains cas des inconvénients, il ne faut pas, quand on l'étudie dans tous ses détails, ne s'attacher qu'à ses inconvénients.

« Il y a un autre préjugé qui égare les meilleurs esprits, c'est le préjugé de la tradition monarchique.

L'immunité des ambassadeurs est un reflet de l'immunité des souverains. Elle subsistera aussi longtemps
que l'on reconnaîtra la souveraineté aux princes..... si
les rois sont la souveraineté incarnée, on comprend
qu'ils soient indépendants de toute autre puissance
souveraine, et que par suite ceux qui les représentent
participent de cette majesté », page 27.

« Le roi n'est plus souverain, c'est la nation qui est
investie de la souveraineté et qui exerce sa puissance
par l'intermédiaire des grands pouvoirs », page 28.

« Que Wheaton ouvre notre constitution, il y verra
que la nation est souveraine et que le roi n'est pas
même le représentant de la souveraineté nationale ; ses
pouvoirs sont strictement limités, il n'en a d'autres que
ceux qui lui sont accordés par la loi fondamentale et le
législateur ne pourrait même lui en accorder d'autres »,
pages 52, 53.

« Les préventions des ambassadeurs se ressentent du
bon vieux temps où le moindre hobereau recevait les
huissiers à coups de fusils quand ils osaient s'approcher
de son castel. Toutes ces majestés-là ont été réduites
au droit commun ; il en sera de même des majestés
diplomatiques », page 36.

« L'immunité des ambassadeurs est un débris d'un
passé qui s'en va, elle tient à des idées et à des préjugés
qui n'ont plus de raison d'être. Cela est vrai surtout des
souverains, car la souveraineté s'est complètement
transformée », page 44.

« Le souverain n'a aucun supérieur qui puisse faire raison aux parties intéressées des plaintes qu'elles ont à sa charge. Tel est le vrai fondement de l'immunité des princes ; ils n'ont pas de juges, et, comme ils sont princes partout, ils ne peuvent être justiciables d'aucun tribunal », page 47.

« Sous l'ancien régime un roi pouvait dire : « L'Etat c'est moi, et décliner en conséquence, toute juridiction étrangère », page 51.

« La royauté s'est modifiée comme tout notre état social. Il n'y a plus de roi qui dise comme Louis XIV : L'Etat c'est moi. Mais aussi il n'y a plus de roi qui ait trois reines et qui songe à légitimer ses bâtards adultérins », page 55.

L'erreur dans laquelle est tombé Laurent consiste à confondre deux choses distinctes et à vouloir expliquer l'une par l'autre.

En qui la souveraineté se personnifie-t-elle ? est-ce dans le peuple ? est-ce dans les rois ? Voilà une première question.

Pourquoi les souverains et les ministres publics jouissent-ils à l'étranger d'immunités ? Voilà la deuxième question.

Laurent déclare la solution de la première question nécessaire à l'explication des prérogatives internationales. A notre avis, la première question n'a d'importance que dans le droit national. Que la souveraineté réside dans un prince ou qu'elle appartienne à la na-

tion, peu importe. Au point de vue international, tout
chef d'Etat est le représentant général de la nation,
qu'il soit roi dans une monarchie absolue, constitutionnelle, ou qu'il soit président de République.

Après Laurent, citons Pasquale Fiore. On sera peut-
être étonné de la réunion de ces deux noms. Mais l'é-
tonnement sera court si l'on considère que par ses conclusions trop vagues, ses limitations apportées aux
principes qu'il pose, Fiore aboutit au même résultat
que Laurent. Il démontre la nécessité des rapports entre nations, la nécessité des immunités diplomatiques,
mais ses développements sont présentés d'une façon
confuse et après avoir terminé la lecture de son livre,
on se demande si l'auteur n'a pas plutôt ruiné la théorie des immunités qu'il ne l'a établie.

« Dans le cas où le ministre oublierait sa dignité et
perdrait de vue que, s'il ne doit pas être offensé, c'est à
condition qu'il ne se rendra pas offenseur lui-même, le
privilège de l'inviolabilité ne lui sert plus de rien.Ainsi,
si le ministre commettait des actes arbitraires, s'il trou-
blait l'ordre public, s'il conspirait contre le souverain,
s'il manquait aux citoyens ou aux fonctionnaires publics, s'il se rendait odieux, suspect, coupable, il pourrait être puni malgré son inviolabilité ; parce que chaque fois qu'un souverain reçoit un ministre public, il le
reçoit avec la condition tacite de respecter son inviolabilité, pourvu qu'il ne trouble pas l'ordre public.Quand

le ministre manque à ses devoirs, il perd le droit de jouir des privilèges attachés à sa charge et le souverain peut prendre à son égard toutes les mesures conseillées par la sûreté publique » (1).

En premier lieu on peut répondre : avec ces restrictions le ministre public est à la merci du souverain étranger qui peut toujours le suspecter.

En second lieu on peut faire le dilemme suivant : ou bien le ministre public ne trouble pas l'ordre public, ou il se rend coupable de délit. Dans le premier cas il n'a pas besoin d'inviolabilité ; dans le second, nous nous demandons dans quel cas Fiore fait l'application de l'inviolabilité qu'il admet. Car les hypothèses dans lesquelles le ministre public peut être poursuivi sont, d'après lui, si nombreuses, qu'il semble ne plus y en avoir dans lesquelles l'inviolabilité puisse être appliquée.

Page 574, Fiore donne aux immunités civiles des limitations que nous ne pouvons admettre. — Page 575 : « Le fondement de l'immunité diplomatique n'est pas appuyé sur le droit d'impunité du ministre public, mais sur la nécessité de ne pas empêcher en quelque manière l'exercice de ses fonctions, *ne impediatur legatio*, comme dit la loi romaine. Pourquoi donc vouloir empêcher toute action civile contre lui, pourvu qu'elle ne viole pas sa liberté personnelle et n'empêche pas l'exercice de ses fonctions ? »

(1) Pasquale Fiore, *Nouveau droit international public*, traduit de l'Italien par Pradier-Fodéré, t. II, p. 565.

Nous répondons qu'il jouit d'une immunité absolue ; car distinguer quand l'action civile constituera ou non une entrave à ses fonctions sera toujours chose difficile.

Nous ne pouvons non plus admettre les limitations données à l'exemption de la juridiction criminelle. « S'il s'agissait de délit commun, nous soutenons que la loi ne peut ni ne doit laisser impunies les fautes des agents diplomatiques, parce que la justice existe pour eux comme pour tous les autres hommes ; et nous ne pouvons pas accepter l'opinion de quelques-uns, qui voudraient soutenir que l'action criminelle contre l'ambassadeur ne puisse avoir lieu seulement que lorsqu'il s'agit de délits contre l'État ou contre la personne du souverain; parce que, selon notre doctrine, le souverain n'est en rien différent des autres hommes devant la loi du droit. Tous les citoyens sont égaux devant la loi... nous concluons donc que le caractère diplomatique ne pourrait pas être suffisant pour donner au ministre le privilège de commettre impunément des infractions aux lois pénales contre le droit des particuliers », page 587.


Laurent et Pasquale Fiore appartiennent à deux écoles qui, partant d'un principe différent, arrivent au même résultat : l'une ne veut admettre l'immunité de juridiction en aucun cas, puisqu'elle est inutile ; l'autre l'admet, mais avec des restrictions si nombreuses que cette prérogative semble ne pouvoir jamais être appliquée.

Nous pourrions discuter les idées de Rotteck, de Wolff, d'Antonio de Vera. Mais nous réfuterions ce que nous avions réfuté déjà. Car Laurent et Fiore n'ont fait que rééditer la doctrine de ces auteurs.

Contentons-nous de faire deux citations de Henri et Samuel de Cocceji.

Henri de Cocceji s'exprime ainsi dans sa *disputatio de legato sancto non impuni*. « Nous croyons que les ambassadeurs ne sont pas exempts de la juridiction et du pouvoir du souverain auprès duquel ils sont envoyés. S'ils commettent un délit ou passent un contrat dans le pays où ils sont accrédités, il s'établit pour eux le *forum delicti* ainsi que le *forum contractus*. Le droit des gens et leur caractère sacré ne peuvent s'étendre jusque-là. Le bon sens naturel dit que le pouvoir territorial règne sur tout ce qui se trouve dans les limites du territoire.

Le droit naturel universel commande, il est vrai, la sécurité et la sainteté des ambassadeurs, mais on ne peut déduire de cela une exemption de la juridiction locale. Ne peuvent pas être considérés comme sacrés ceux qui sont exclus de la conséquence de la loi, mais seulement ceux qui sont garantis contre l'injustice. Commettre impunément un crime n'est pas une sainteté mais au contraire une grande profanation. La raison recommande par conséquent que les ambassadeurs élus officiellement jouissent de la sécurité personnelle, mais non qu'ils restent impunis pour les crimes qu'ils peuvent commettre. »

Chez Samuel de Cocceji, le fils du précédent, nous retrouvons des données analogues « Il n'y a qu'un seul pouvoir sur le territoire et par conséquent ni le souverain, ni l'ambassadeur ne peuvent être affranchis de sa juridiction. Le droit naturel n'admet pas qu'on puisse prêter assistance à un criminel. Il est absurde de donner aux ambassadeurs des pays étrangers plus de droits qu'ils n'en possèdent dans leur propre pays. L'ambassadeur est dans tous les cas inviolable quant à sa personne, mais on ne peut accorder cette inviolabilité aux crimes. En dehors de ses fonctions et d'autant plus en cas de crime, l'ambassadeur n'est ni plus ni moins qu'un homme privé. Le droit d'inviolabilité n'existe pour les ambassadeurs qu'autant qu'ils ne transgressent pas les limites de la loi et de l'honneur. »

TROISIÈME PARTIE

**NOTRE SYSTÈME.**

# CHAPITRE PREMIER

## LES MINISTRES PUBLICS.

Nous avons cherché à prouver dans la première partie de notre travail que la fiction d'exterritorialité était
une explication insuffisante et inexacte des immunités
reconnues par le droit des gens aux ministres publics,
aux souverains.

Nous avons démontré dans la deuxième partie que
la doctrine de Laurent et de Fiore ne pouvait être admise à cause des conséquences fâcheuses qu'elle entraîne au point de vue des relations internationales.

Nous devons maintenant exposer notre système. En
voici l'idée fondamentale :

La situation de chaque catégorie de personnes s'explique par une raison particulière : celle des ministres
publics par la nécessité ; celle des souverains et des
membres de l'armée par leur caractère représentatif ;
celle des ressortissants des Etats chrétiens en Orient et
en Extrême-Orient par les conventions. Ce n'est qu'a-
près avoir étudié ces différentes raisons, que, pour résumer d'un mot l'ensemble de toutes les situations
exceptionnelles et les grouper autour d'un principe
nous employons le mot exterritorialité. L'exterritoria-

lité est donc une série de droits, « une somme de privilèges séparés » (1). Elle désigne la position légale de personnes soustraites au pouvoir territorial et soumises à un pouvoir public exterritorial, mais n'indique pas la raison de cette situation.

Notre explication peut se justifier par l'étymologie du mot exterritorialité : *extra territorium* : personnes qui se trouvent hors d'un territoire. Mais au lieu de désigner par territoire le pays où se trouvent le ministre, le souverain, l'armée, comme le fait le système de la fiction, nous entendons par ce territoire, le pays auquel ces personnes appartiennent.

Nous commençons l'étude de notre système par les ministres publics. On nous fera un reproche d'expliquer leur situation avant celle des souverains. Les ministres publics n'existent que parce que des souverains existent. Des souverains ils tiennent leur nomination, leur pouvoir ; des souverains ils occupent la place et remplissent la fonction : il est des souverains sans ministres publics, mais il ne peut être des ministres publics sans souverains. Logiquement, l'étude des uns doit précéder celle des autres.

Quelque sérieuse que soit cette argumentation, dans notre sujet les souverains ne doivent obtenir que la seconde place. Il y a de cela deux motifs. Le premier est que les relations entre Etats se nouent par les ministres

(1) De Heyking, *op. cit.*, p. 37.

publics ; qu'il en soit autrement pour quelques-unes
d'entre elles formées par les souverains, on ne peut le
nier, mais elles constituent la minorité. Le second motif
pour lequel la première place doit appartenir aux ministres publics, c'est que la fiction a été créée pour les
ministres publics seuls. Ce n'est que plus tard que les
jurisconsultes en ont fait bénéficier les souverains.

Etudier la fiction d'exterritorialité pour les souverains avant de l'étudier pour les ministres publics, serait mentir aux données de son histoire et serait compromettre l'efficacité de son étude.

Nous expliquons les immunités diplomatiques par
l'idée de nécessité. La formule qui traduira le mieux
notre pensée est celle-ci : « Les immunités sont la
condition d'existence des fonctions diplomatiques. »
L'agent diplomatique jouit de l'inviolabilité et de l'indépendance de toute juridiction, parce que ces immunités lui sont nécessaires ; parce que, s'il en était dé-
pourvu, s'il était traité dans le pays où il est accrédité
comme un simple étranger, il ne pourrait accomplir fidèlement sa mission.

La raison que nous donnons aux immunités diplomatiques, ne nous permet pas de les appeler privilèges, « ces
immunités sont une conséquence nécessaire de la mission diplomatique qui, sans elle, ne pourrait être rem-
plie et se fondent sur la nécessité naturelle dans laquelle

se trouvent les Etats d'être librement représentés. Il s'ensuit que les exemptions dont jouissent les agents diplomatiques ne constituent pas de privilèges, mais des droits qui ne blessent pas l'égalité juridique des hommes et des nations » (1).

Sans immunités, pas d'agent diplomatique. Montesquieu expose cette idée en termes heureux. « Les lois politiques demandent que tout homme soit soumis aux tribunaux criminels et civils du pays où il est et à l'animadversion du souverain. Le droit des gens a voulu que les princes s'envoyassent des ambassadeurs ; et la raison tirée de la nature de la chose, n'a pas permis que les ambassadeurs dépendissent du souverain chez qui ils sont envoyés, ni de ses tribunaux. Ils sont la parole du prince qui les envoie et cette parole doit être libre. Aucun obstacle ne doit les empêcher d'agir. Ils peuvent souvent déplaire, parce qu'ils parlent pour un homme indépendant. On pourrait leur imputer des crimes, s'ils pouvaient être punis pour des crimes ; on pourrait leur supposer des dettes, s'ils pouvaient être arrêtés pour des dettes. Un prince qui a une fierté naturelle, parlerait par la bouche d'un homme qui aurait tout à craindre. Il faut donc suivre, à l'égard des ambassadeurs, les raisons tirées du droit des gens, et non pas celles qui dérivent du droit politique. Que, s'ils abusent de leur être représentatif, on le fait cesser, en les renvoyant chez

_____

(1) *Droit international public de Carnazza-Amari*, traduit par Montanari, t. II, p. 177, 1882.

eux : on peut même les accuser devant leur maître, qui devient par là leur juge ou leur complice » (1).

Impossible de donner meilleure explication des immunités diplomatiques. Elles existent parce qu'elles sont nécessaires, parce qu'en leur absence, il n'y aurait pas possibilité de fonctions diplomatiques. Quelques exemples prouveront l'exactitude de notre dire et feront saisir l'intérêt de la question. Des immunités accordées aux ministres publics, l'exemption de juridiction est la plus importante, celle qui va le plus directement au but. Nos exemples seront donc choisis de façon à montrer les inconvénients que présenterait la soumission des ministres à la juridiction territoriale.

Prenons une contravention de police : l'agent diplomatique viole l'article 471 du Code pénal. Une citation lui est notifiée par un huissier à la requête soit du ministère public près le tribunal de police soit de la partie civile. Il ne veut comparaître en personne ; il doit se faire représenter par un fondé de procuration spéciale. Après les témoignages, les conclusions de la partie civile, la défense des prévenus, les réquisitions du ministère public, le juge prononce la peine de un franc d'amende et un franc de dommages-intérêts. Quelques jours après, l'agent diplomatique néglige d'exécuter les règlements ou arrêtés concernant la petite voirie, article 471, § 5. Même procédure, même longueur, mais

(1) Montesquieu, *Esprit des lois*, livre 26, chapitre 21.

condamnation plus sévère. Le juge se trouve dans la deuxième instance en face d'un cas de récidive, article 483 du Code pénal. Il doit condamner l'agent diplomatique à un emprisonnement obligatoire de simple police de un jour à trois jours, article 474.

Prenons un délit. L'agent diplomatique se met sous le coup de l'article 308 du Code pénal. Il est tenu de comparaître à cause de la peine prononcée par la loi. Il est condamné à trois mois d'emprisonnement. Autre exemple : L'agent diplomatique commet involontairement un homicide, article 319, trois mois à deux ans d'emprisonnement.

De graves soupçons de crime s'élèvent contre le ministre public. Le juge d'instruction estime qu'il y aurait danger à le laisser en liberté. Il décerne un mandat de dépôt qui emporte voie de contrainte et détention préventive. La détention préventive étant illimitée, le ministre est détenu dans la maison d'arrêt, jusqu'à ce que le juge, sur les conclusions conformes du procureur de la république, veuille donner mainlevée de son mandat. Le juge instruit l'affaire : il fait des perquisitions à l'ambassade, saisit les papiers, tous les objets utiles à la manifestation de la vérité. Il entend les témoins, et quand il juge la procédure terminée, rend une ordonnance de renvoi devant la chambre des mises en accusation. Celle-ci prononce un arrêt de mise en accusation. Le ministre passe en cour d'assises et, après toutes ces péripéties, il est acquitté.

Pendant l'instruction de ces différentes affaires, arrive à l'ambassade une communication du ministre des affaires étrangères. Celui-ci demande à l'agent diplomatique de lui présenter dans le plus bref délai un rapport détaillé sur l'effectif des troupes en temps de guerre. Quel travail sérieux peut faire le ministre public qui consacre son temps à sa défense en simple police, en correctionnelle, en cours d'assises ? Les ambassadeurs de toutes les nations se réunissent en congrès pour discuter les bases d'une entente entre les Etats pour le commerce, pour s'entretenir d'une médiation à proposer à deux peuples en guerre, et le ministre public se fait représenter par un attaché, parce qu'il doit comparaître devant le juge d'instruction.

Comment oser prétendre que la représentation d'un Etat peut être bien faite, si l'on admet que son ministre dépend de la juridiction étrangère ? Pour que le ministre accomplisse exactement ses fonctions, il faut qu'il n'ait pas à appréhender, quelque peu que ce soit, les tribunaux étrangers, qu'il n'ait même pas à penser qu'il puisse un jour être entravé dans sa mission.

On ne peut objecter que les exemples ont été choisis uniquement pour l'appui de notre thèse, qu'ils ne se rencontrent pas dans la pratique. Il nous suffit d'avoir trouvé des hypothèses existant réellement dans notre Code pénal.

Puisque ces situations peuvent se présenter, puisqu'elles sont légales, nous n'avons pas discuté *à priori* :

D. — 7

c'est ce que nous tenions à constater. Ensuite, loin d'avoir choisi des hypothèses tellement rares qu'elles ne peuvent se présenter jamais, nous avons pris des situations se rencontrant tous les jours. Tout homme peut commettre une contravention de police, commettre un homicide par imprudence, être soupçonné d'un crime.

Nous avons supposé l'ordre régulier des choses. Nous n'avons pas fait allusion à des poursuites injustes. Si le ministre public est condamné pour un délit, c'est qu'il a commis un délit. S'il est soupçonné, les soupçons sont justifiés ; nous nous sommes placés dans un état idéal. Cet état peut ne pas se trouver en réalité : toutes les nations ne ressentent pas les unes pour les autres des sentiments de véritable amitié. Elles devraient vivre dans la paix ; nous avons montré que c'est leur intérêt. Mais en fait, par suite de causes diverses, il est des pays qui sont ennemis, qui n'entretiennent que les relations strictement obligatoires. Leurs ambassadeurs pourraient se trouver dans des situations embarrassantes, s'ils n'étaient garantis par leurs immunités. Les souverains de mauvais vouloir auraient à leur disposition des moyens pour entraver leur mission. Le soupçon est facile, un mandat de dépôt vite lancé. L'ambassadeur chargé d'une mission difficile pourrait payer de sa liberté une trop grande franchise.

En résumé, il faut pour les fonctions diplomatiques l'indépendance la plus complète. Leur nature l'exige.

Nous ne proclamons pas le droit d'impunité du ministre public. Son caractère ne peut lui donner le pouvoir de commettre des délits qui ne soient pas punis. La justice existe pour tous. La société lésée par l'action d'un ministre public doit obtenir une réparation comme lorsqu'elle est lésée par l'action d'un simple particulier. Comme nous l'avons déjà dit, nous voulons uniquement, pour la recherche des infractions qu'auront pu commettre les ministres publics, et pour leur punition s'il faut arriver à cette extrémité, une procédure spéciale qui ne puisse empêcher l'exercice des fonctions diplomatiques. Et nous croyons que la solution la plus simple est d'obliger les personnes lésées, Etat ou particulier, à déposer une plainte près du gouvernement dont le ministre est le représentant, et à le faire juge des infractions commises. S'il reconnaît le bien fondé des plaintes et que l'infraction est légère, le gouvernement se fera une obligation de réparer le dommage causé. Si l'infraction fait partie de celles qui sont infamantes pour celui qui les commet, il rappellera son agent pour qu'il soit jugé sur le territoire national (1). L'intérêt de l'Etat, qui a tout à perdre d'être représenté par un homme sans moralité, commande cette façon d'agir.

(1) L'agent diplomatique rappelé sera jugé dans son pays d'origine comme fonctionnaire public ; car par rapport à la nation qu'il représente, il a une double qualité, celle de représentant qui est transitoire et qui est perdue par le fait du rappel et celle de fonctionnaire public qui est permanente.

Nous devons nous borner en cette matière délicate à donner des principes généraux. Nous ne pouvons indiquer une règle unique qui s'applique à toutes les hypothèses pouvant se présenter dans la pratique. Dans chaque cas particulier, la gravité plus ou moins grande des circonstances exerce une grande influence sur la solution à intervenir, sur la procédure à suivre.

Notre système pourra se concilier assez difficilement avec certaines législations. Faisons observer immédiatement que cette raison ne suffit pas pour le rejeter. « De quelle manière, dit Pasquale Fiore, pourra-t-on procéder à l'instruction criminelle et poursuivre les débats dans un lieu différent de celui où le délit a été commis ? » Au point de vue matériel, au point de vue du fait même de la poursuite, la question peut présenter des difficultés, à cause de l'éloignement, du transport des témoins, de la réunion des preuves, mais elle n'est pas insoluble. La question est autrement délicate si l'on se place au point de vue purement juridique, au point de vue du droit de poursuivre considéré en lui-même, du droit pour un Etat de juger sur son territoire une infraction commise à l'étranger. Approfondissons la question.

Les législations pour l'application de leurs lois criminelles se divisent en personnelles, territoriales et mixtes. Dans les législations personnelles, la loi pénale s'applique uniquement aux nationaux, mais elle les suit dans quelque pays qu'ils habitent. Dans les législations territoriales, la loi pénale s'applique à tous ceux qui habitent le territoire, nationaux ou étrangers, mais ne touche aucune infraction commise à l'étranger, même par un national. Dans les législations mixtes, la loi pénale se rattache plus ou moins à la personnalité ou à la territorialité suivant les pays.

La dépendance des ministres publics de la juridiction nationale, système que nous proposons, peut exister dans les législations personnelles. En effet, si le ministre est un national, la loi pénale, avec son caractère de personnalité, le suit partout où il réside, de même que la loi qui règle son état et sa capacité. Dans notre ancien droit, la loi pénale avait le caractère de personnalité. Le code du 3 brumaire an IV avait les mêmes tendances. De nos jours les législations exclusivement personnelles ne se rencontrent plus.

Notre système ne peut se concevoir dans les législations territoriales. Si la loi pénale d'un Etat est purement territoriale, cet Etat ne pourra poursuivre les infractions que le ministre a commises à l'étranger. Donc pour que l'Etat pût juger son ministre, ou bien il faudrait admettre une exception à l'idée de territorialité, et dans ce cas nous avons le système mixte de législation dont nous parlons plus loin, et non plus la législation exclusivement territoriale, ou bien il faudrait supposer que le ministre commet sur le territoire de son propre pays les actes qu'en réalité il accomplit à l'étranger ; mais cette seconde hypothèse nous conduit à la fiction d'exterritorialité que nous n'admettons pas.

La conclusion est que le système que nous proposons pour la poursuite des délits commis par le ministre public, ne peut être appliqué dans les législations purement territoriales. Mais faisons observer que ces législations se rencontrent rarement, à cause de la nécessité pour les Etats de connaître de certains délits commis à l'étranger, les touchant directement.

Dans les législations mixtes qui sont les plus nombreuses, il faut faire une sous-distinction pour l'application de notre système. 1° Les législations qui sont à la fois territoriales et personnelles, c'est-à-dire, les législations dont la loi pénale s'applique en même temps à toutes les personnes se trouvant sur le territoire de l'Etat et à tous les nationaux commettant n'importe quel délit dans le pays étranger, peuvent admettre notre système : leur caractère de personnalité le leur permet; 2° dans les législations qui se laissent dominer plus ou moins par les idées de personnalité ou de territorialité, si c'est la personnalité qui est le principe et la territorialité l'exception, aucune difficulté. Mais si une législation prend pour point de départ que la loi est avant tout territoriale et n'apporte à cette règle qu'un nombre restreint d'exceptions touchant la personnalité, il faut, dans ces diverses catégories de dérogations, une disposition formelle qui permette de punir les ministres publics.

Spécialement dans la législation française qui est

mixte, mais plutôt à tendance territoriale, notre système ne peut facilement être appliqué. Nous demandons une réforme de la loi de 1866 qui ne fait pas une part assez grande aux moyens répressifs pour les délits commis à l'étranger. Elle permet bien aux juges français de punir les infractions commises à l'étranger par les ministres publics ; mais elle soumet la poursuite à certaines conditions. Comme nous désirons que toute infraction commise par le ministre soit punie, nous voudrions que le législateur ajoutât à la loi un article ainsi conçu : « Les tribunaux français peuvent poursuivre dans tous les cas les infractions commises à l'étranger par un ministre public français » (1).

Quelques auteurs prétendent, nous avons déjà eu l'occasion de le faire remarquer, que l'inviolabilité peut être admise sans l'immunité de juridiction, que l'inviolabilité est seule utile au ministre public. Le ministre public sera soumis aux tribunaux, il devra suivre la procédure, il sera même condamné ; mais quand le procureur exécutera le jugement de condamnation, il opposera son inviolabilité.

Ce système constitue, à notre avis, ce que l'on appelle dans le langage du droit une *inelegantia juris*. Il donne

---

(1) Au point de vue de la poursuite des délits, le système de la fiction d'exterritorialité exige moins de conditions que le nôtre. En supposant que les ministres publics se trouvent à tout moment sur le territoire français, il permet aux juges de les poursuivre pour tous leurs délits. Il n'est pas besoin dans ce système d'invoquer la loi de 1866. Les juges agissent en vertu de leur droit de poursuivre toutes les infractions commises sur le territoire français.

des demi-mesures, qui ne satisfont pas l'esprit et qui renferment quelque chose d'injuste. Il donne des résultats manquant d'utilité pratique. N'oublions pas que l'élément principal de la justice n'est pas le jugement, mais son exécution. « La juridiction n'existe qu'à la condition d'une sanction matérielle qui implique à la fois respect, obéissance, soumission de la part des justiciables et recours éventuel à une action répressive, c'est-à-dire aux agents de la force publique, pour surmonter les résistances individuelles et assurer l'exécution pratique des sentences judiciaires. »

Autre reproche : quelle est l'utilité d'une procédure longue et coûteuse? Pourquoi dépenser le temps du ministre public, le temps des juges, si le résultat doit consister en une condamnation non exécutoire?

Autre reproche : Le système de la soumission partielle du ministre public à la justice locale présente les mêmes dangers que le système de la soumission complète. Ils sont peut-être moins frappants, mais ils n'en sont pas moins réels. En effet la procédure qui précède le jugement est difficile, assujettissante. Le ministre qui devrait y être soumis ne pourrait plus se donner entièrement à sa mission. Nous pensons qu'il est plus juste de soustraire l'agent diplomatique étranger à la juridiction territoriale en le laissant soumis à celle de sa nation, que de le soumettre aux tribunaux étrangers, sans permettre contre lui l'exécution des jugements. Dans le premier cas la justice est sauvegardée : le cou-

pable sera puni quelque part. Dans le second il ne le
sera pas.

Changeons de juridiction et faisons passer le ministre
public de la cour d'assises où l'on a prononcé sur sa vie
au tribunal civil où l'on va juger sa fortune.

Un tiers intente une action civile à l'agent diplomatique. Il lui fait signifier une citation en conciliation devant le juge de paix. L'agent diplomatique examine
l'affaire. La tentative d'accommodement ne réussit pas.
La demande est portée devant le tribunal d'arrondissement. Ne voulant pas être condamné par défaut, l'agent
constitue avoué. Le procès s'instruit. Les avocats sont
choisis, les conclusions signifiées. L'affaire se plaide.Le
ministère public prend ses conclusions et après une
mise en délibéré, un jugement est rendu. Deux, trois
mois au minimum ont été nécessaires ; et voilà la
filière la plus simple d'une affaire civile. La plus petite
cause du tribunal d'arrondissement appelle la succes-
sion de toutes ces phases. Avant le jugement définitif
peuvent encore être rendus des jugements avant dire
droit ordonnant des mesures pour cause d'urgence ou
pour faire avancer le procès : jugements provisoires, ou
préparatoires ou interlocutoires. Après le jugement,sont
à la disposition des plaideurs l'appel, la cassation, toutes procédures difficiles pour les nationaux initiés à la
science du droit et dont l'agent, malgré sa science,
n'aura qu'une vague notion. De plus pendant l'instruc-

tion, les incidents peuvent être nombreux, des exceptions de litispendance, de connexité, des nullités d'actes, vérification d'écriture, des enquêtes, des rapports d'experts, et autres procédures qui prennent un temps précieux. Et le ministre public serait obligé d'étudier toutes ces questions ! En a-t-il le temps ? peut-il le faire sans compromettre gravement les intérêts de la nation qu'il représente ?

D'autres inconvénients se présentent. Comme dans la procédure pénale, après la reconnaissance judiciaire du droit du demandeur établie par le jugement, vient l'exécution du jugement. Si le débiteur s'y refuse, il faut employer une force coercitive et avoir recours aux saisies. Les effets de l'agent seront saisis ; ses lettres, ses rapports, les instructions qu'il a reçues de son souverain seront à la disposition de l'autorité étrangère.

Ces conséquences nous mettent dans l'obligation de poser en principe que l'ambassadeur doit être complètement indépendant de la juridiction civile étrangère. Il a été nommé pour accomplir une mission délicate ; il doit s'en acquitter avec soin : c'est une obligation qu'il a contractée vis-à-vis de son pays. Or pour qu'il puisse accomplir fidèlement son devoir, il doit jouir de la liberté entière, « dans tous les cas, peu importe que la dette de l'agent ait été contractée avant ou pendant sa mission, que le contrat soit authentique ou sous seing privé, qu'il ait été ou non passé dans la résidence de l'agent ».

Notre système subit les mêmes attaques que le système que nous avons proposé en matière pénale. On lui oppose son injustice. Il serait impossible de se faire rendre justice. Ces reproches sont exagérés. Les conséquences de notre système ne sont pas aussi funestes qu'elles ne le paraissent. La justice qui est universelle par essence veut que le droit de chacun soit respecté. Mais si les personnes lésées ne peuvent actionner l'ambassadeur dans le pays de sa mission, elles ont d'autres moyens pour faire reconnaître leurs droits. Leurs droits existent toujours, mais pour les faire reconnaître une procédure spéciale est organisée. Il faut bien se garder de confondre l'obligation elle-même, contractée par le ministre public, avec la réalisation par la force de cette obligation. Le ministre public peut contracter parce qu'il n'est pas incapable, mais ne peut être contraint à exécuter ses obligations dans le pays où il se trouve. S'il ne veut les exécuter de plein gré, les créanciers doivent réclamer l'intervention du ministre des affaires étrangères du pays où est accrédité le débiteur. En cas d'insuccès, la voie diplomatique est ouverte. Le gouvernement étranger obligera son représentant à remplir ses obligations, sinon il le rappellera ; dans ce cas les créanciers auront recours à la voie judiciaire de la contrée à laquelle le ministre étranger appartient.

Plusieurs législations ont sur ce point des textes formels, ainsi le Code de procédure civile autrichien, article 27, dit : « Les fonctionnaires autrichiens au service de l'Autriche à l'étranger restent soumis à la même juridiction que pendant leur séjour en Autriche. » Le Code allemand dans son article 16 contient une disposition équivalente. Si la loi française est muette, c'est que le législateur a jugé inutile d'exprimer que l'agent qui ne peut subir l'autorité d'une juridiction étrangère, reste naturellement soumis à ses juges nationaux.

Au point de vue du pouvoir pour les tribunaux français de connaître des obligations contractées à l'étranger par un ministre public, nous avons dans le Code civil un article formel qui leur donne ce droit, l'article 15, ainsi conçu : « Un Français pourra être traduit devant un tribunal de France, pour des obligations par lui contractées en pays étranger, même avec un étranger. » Nous ne nous trouvons plus devant les discussions que nous avons rencontrées pour l'application de notre système à la procédure pénale.

Certains auteurs admettent le principe de notre théorie, mais demandent que le ministre soit soumis à la juridiction civile étrangère, dans le cas où il ne résulterait aucune entrave pour l'exercice de ses fonctions.

Ce système peut se soutenir au point de vue des principes, mais nous croyons devoir le repousser à cause des inconvénients considérables qu'il offrirait dans la pratique. La question de savoir dans quel cas les fonctions

seront entravées et dans quel cas elles ne le seront pas
est une question de fait pleine de difficultés, où la pré-
somption est facile et l'impartialité difficile. De plus la
soumission partielle du ministre public à la juridiction
territoriale produira les mêmes dangers que sa soumission totale. Les ennuis causés par les procès les plus
simples pourront annihiler son influence et entraver son
action aussi bien que les soucis donnés par les affaires
plus sérieuses. Le seul système vraiment pratique est celui de l'immunité absolue. C'est le seul qui nous paraisse
équitable, le seul qui ne laisse pas place à l'arbitraire.

Notre système n'est que l'extension d'une pratique
connue dans notre droit, que nous avons déjà fait remarquer plus haut : La soumission de certaines personnes à une procédure spéciale. Ainsi le président de la
République, en cas de haute trahison, ne peut être mis
en accusation que par la Chambre des députés et jugé
que par le Sénat. Les ministres pour les crimes relatifs
à leurs fonctions sont soumis à la même juridiction.
Aucun membre de l'une ou de l'autre Chambre ne peut,
pendant la durée de la session, être poursuivi ou arrêté
en matière criminelle ou correctionnelle qu'avec l'autorisation de la Chambre dont il fait partie, sauf le cas
de flagrant délit. L'article 75 de la Constitution de
l'an VIII, abrogé par un décret du 19 septembre 1870,
établissait en faveur des agents du gouvernement une
garantie administrative, en ne permettant de les pour-

suivre à raison des faits relatifs à leurs fonctions,qu'en vertu d'une autorisation préalable du conseil d'Etat. Le juge qui s'est rendu coupable d'un délit est traduit devant la première chambre de la Cour d'appel, ou devant une autre Cour d'appel, s'il est membre d'une Cour. Les militaires pour tous leurs délits sont soustraits à la juridiction commune. Pourquoi suit-on une procédure spéciale pour ces personnes? Elles sont membres de la société humaine, elles doivent donc être punies comme les autres hommes, soumises aux lois communes. Nous sommes tous égaux devant la justice, pourquoi établir des exceptions? Les motifs sont les mêmes que pour les ministres publics, motifs d'utilité, de nécessité.

Nous avons montré la grande perte de temps qu'occasionnerait pour l'agent diplomatique sa soumission à la juridiction civile et pénale du pays où il est accrédité, nous avons vu les entraves qu'elle mettrait à l'accomplissement de sa fonction. Cette soumission porterait encore atteinte au prestige de l'agent, qui est pourtant nécessaire au représentant d'une nation. Quand le ministre public aura comparu plusieurs fois devant les tribunaux étrangers, il ne sera plus entouré de la même considération. Il sera peut-être honnête homme, on le respectera : un jugement ne porte pas nécessairement atteinte à la réputation. Mais son caractère aura perdu de grandeur. Les libertés de la défense,discutant la personne même du ministre, créeront une situation peu en rapport avec ses fonctions.

Quelques auteurs appuient leur explication des immunités diplomatiques sur le droit naturel. « Il est vrai, dit Vattel (1), que la loi naturelle donne aux hommes le droit de réprimer et de punir ceux qui leur font injure ; que par conséquent elle donne aux souverains celui de punir un étranger qui trouble l'ordre public, qui les offense eux-mêmes, ou qui maltraite leurs sujets, et qu'elle les autorise à obliger cet étranger de se conformer aux lois et de remplir fidèlement ce qu'il doit aux citoyens. Mais il n'est pas moins vrai qu'elle leur impose aussi l'obligation de consentir aux choses sans lesquelles les nations ne pourraient cultiver la société que la nature a établie entre elles, correspondre ensemble, traiter de leurs affaires, ajuster leurs différends. Or les ministres publics sont des instruments nécessaires à l'entretien de cette société générale, de cette correspondance mutuelle des nations. Mais leur ministère ne peut atteindre la fin à laquelle il est destiné s'il n'est muni de toutes les prérogatives capables d'en assurer le succès légitime, de le faire exercer en toute sûreté, librement et fidèlement. Le même droit des gens, qui oblige les nations à admettre les ministres étrangers, les oblige donc aussi manifestement à recevoir ces ministres avec tous les droits qui leur sont nécessaires, avec tous les privilèges qui assurent l'exercice de leurs fonctions. Or, il est aisé de comprendre

_____

(1) Vattel, *Le droit des gens ou principes de la loi naturelle appliqués à la conduite et aux affaires des nations et des souverains.*

que l'indépendance doit être l'un de ces privilèges.Sans elle, la sûreté, si essentielle au ministre public, ne sera que précaire : on pourra l'inquiéter, le persécuter, le maltraiter, sous mille prétextes. Souvent le ministre est chargé de commissions désagréables au prince à qui il est envoyé : si ce prince a quelque pouvoir sur lui, et singulièrement une autorité souveraine, comment espérer que le ministre exécutera les ordres de son maître,avec la fidélité, la fermeté, la liberté d'esprit nécessaires? Il importe qu'il n'ait point de juges à redouter, qu'il ne puisse être distrait de ses fonctions par aucune chicane ; il importe qu'il n'ait rien à espérer, ni à craindre du souverain à qui il est envoyé. Il faut donc, pour assurer le succès de son ministère, qu'il soit indépendant de l'autorité souveraine et de la juridiction du pays, tant pour le civil que pour le criminel. »

Cette explication est la nôtre présentée sous un autre jour. Qu'est-ce en effet que le droit naturel? Le droit naturel est l'ensemble de principes obligatoires et permanents qui servent de ligne de conduite dans nos actions. Nous les connaissons sans les avoir jamais appris. C'est notre raison qui nous en montre la nécessité et qui ordonne à notre volonté de les mettre en pratique. Donc, dans notre hypothèse, avancer que les immunités diplomatiques sont fondées sur le droit naturel, c'est dire que la raison humaine ayant compris d'une part la *nécessité* d'établir des relations entre États, d'autre part la *nécessité* de reconnaître certaines immunités aux agents chargés de les entretenir, a fait une obligation à la volonté d'admettre ces immunités. Cette explication par le droit naturel ressemble donc beaucoup à la nôtre (1).

Barbeyrac, Burlamaqui, Thomasius font reposer les immunités diplomatiques sur une convention tacite formée entre le ministre public et la nation qui le reçoit ; en acceptant le ministre public, elle est censée avoir renoncé à l'exercice de toute juridiction sur lui.

Ce système se rapproche aussi du nôtre. Si la nation abandonne le droit qu'ont ses tribunaux de connaître des affaires civiles et criminelles intéressant le ministre étranger, si elle s'oblige tacitement à admettre l'indépendance du ministre à son arrivée chez elle, c'est qu'il existe un motif de nécessité, c'est que la nation comprend que les fonctions diplomatiques ne peuvent être remplies sans cette indépendance.

(1) Cette explication était celle de Puffendorf. « Le droit des ambassadeurs vient du droit naturel, commun à tous les hommes et non pas du droit des gens, pris dans le sens de Grotius (livre II, ch. XVIII) pour une convention tacite de tous les peuples ou du plus grand nombre. On peut donc faire voir que ces sortes de ministres doivent être regardés comme des personnes sacrées et inviolables, indépendamment de cette prétendue convention. On ne saurait douter qu'il importe extrêmement à tous les hommes et à tous les peuples, non seulement de finir les querelles et les guerres, mais encore d'établir et d'entretenir entre eux l'amitié et le commerce. Or les ambassadeurs sont nécessaires pour procurer ces avantages. Donc Dieu qui veut sans contredit tout ce qui contribue à la conservation et au bien de la société humaine, ne peut que défendre par la loi naturelle, de faire aucun mal à ces sortes de personnes (Puffendorf, *op. cit.*, livre VIII, chap. IX, § 12, note 1).

Les immunités diplomatiques peuvent aussi s'expliquer par cette raison que le ministre public dans le pays ou il est accrédité est le représentant d'un État souverain. L'État est réputé agir par son ministère. Or l'indépendance réciproque des États est un fait admis en droit international. Chaque État est affranchi de la juridiction étrangère. Il faut en conclure que les personnes chargées de les représenter jouissent du même droit. Tout ce qui est de nature à les léser, à entraver leur liberté, leur indépendance, constitue une offense à la nation dont elles sont l'organe. Wicquefort présente cet argument en termes frappants. « Le fait, la raison pourquoi le droit des gens exempte le ministre public de la juridiction du lieu de sa résidence, est parce qu'il représente un souverain sur lequel un autre souverain n'a ni supériorité ni juridiction. C'est pourquoi il ne peut l'étendre sur son ambassadeur non plus » (L'ambassadeur et ses fonctions, livre I, p. 822, éd. de la Haye, 1724). Remplaçons le mot souverain par le mot État et nous aurons la formule du système que nous étudions. Nous faisons cette substitution parce qu'en droit public moderne l'État et le souverain sont deux personnes distinctes, ayant chacune des pouvoirs différents ; c'est la nation qui exerce la souveraineté, tandis qu'à l'époque de Wicquefort la nation et le souverain avaient les mêmes pouvoirs, ne formaient pour ainsi dire qu'un être ; le souverain était la nation elle-même plutôt que son représentant ; la souveraineté résidait dans le souverain. L'intérêt pratique de cette transformation est facile à saisir. De nos jours c'est la nation qui est représentée par les ministres publics, et non le souverain. Les souverains ont « seulement la faculté d'envoyer les représentants, mais non celle de se faire représenter, parce que c'est une erreur de croire que le ministre représente le souverain par qui il est envoyé. Le souverain ne peut être en relations internationales que comme le représentant de la nation et ainsi le ministre à l'étranger, représentant le représentant de la nation représente la nation elle-même » (1).

M. Desjardins semble se ranger à la même opinion. « Les agents diplomatiques doivent être inviolables parce qu'ils ne peuvent être sous aucun point de vue, à la merci du pays où ils résident. Quand les Romains disaient : *Sanctum inter gentes jus legationum, sancta corpora legatorum*, ils énonçaient une proposition vraie dans tous les temps et dans tous les lieux. Cicéron nous en donne le commentaire dans un beau langage lorsqu'il dit d'un ambassadeur : *Senatus faciem secum adtulerat auctoritatem populi Romani.* Si l'agent diplomatique est inviolable, c'est-à-dire, exempt de toute atteinte, affranchi de toute poursuite, c'est qu'il est l'image de l'État représenté, de l'État souverain, de l'État indépendant » (2).

L'explication des immunités diplomatiques par le

(1) Pasquale Fiore, *op. cit.*, t. II, p. 543.
(2) Desjardins, Clunet, 1891, p. 154.

caractère représentatif des ministres publics paraît au
premier abord moins séduire que celle que nous avons
donnée, à cause de son manque de simplicité. En effet,
pourrait-on dire, pour pouvoir affirmer que ce caractère est la raison des immunités, il faut auparavant
prouver que les États sont affranchis de la juridiction
étrangère. Le ministre public ne peut prendre pour
principe l'indépendance des nations, leur souveraineté,
si les nations reconnaissent elles-mêmes que leur soumission aux tribunaux étrangers ne constitue aucune
restriction à leur souveraineté. Or, actuellement les
États reconnaissent en certains cas aux tribunaux étrangers le droit de les juger : un État contracte avec un
commerçant domicilié à l'étranger. Il s'agit d'un contrat
de vente dans lequel l'État est vendeur ; il a livré la chose ; l'acheteur ne veut pas payer ; l'État le poursuit devant
le tribunal de son domicile. Il est condamné à reprendre
la chose livrée sans pouvoir réclamer aucune indemnité.
Remplaçons dans le même marché l'État par le ministre
public qui le représente. Si celui-ci n'est que le représentant de sa nation, il doit comme elle être soumis à la
juridiction civile, solution qui n'est pourtant pas admis-
sible, comme nous l'avons déjà démontré. L'application
des immunités par la représentation paraît donc devoir
être rejetée.

Nous ne le croyons pas ; nous pouvons répondre à
l'objection qui nous est faite, que l'État dans l'exemple
choisi a tacitement renoncé à son indépendance. Si l'in-

dépendance réciproque des États est un des principes essentiels du droit des gens, et s'il résulte de ce principe qu'un gouvernement ne peut être soumis, pour les engagements qu'il contracte, à la juridiction d'un État étranger, ce principe peut et doit fléchir devant l'acceptation certaine par un gouvernement d'une juridiction qui lui est étrangère.

Étant souverain, l'État est libre de se soumettre à la juridiction étrangère. Le ministre au contraire n'a pas le même pouvoir. Il ne peut ni renoncer lui-même à des immunités intéressant le pays qu'il représente, ni même les compromettre par son imprudence. On n'est en droit d'invoquer la renonciation du ministre à la prérogative qui l'exempte de la juridiction locale que lorsque cette renonciation est autorisée par le gouvernement du ministre. L'immunité de juridiction est un droit qui n'appartient pas au ministre, mais à la nation dont il tient ses pouvoirs. Il ne peut renoncer à cette immunité sans la participation, sans l'autorisation de son gouvernement.

La jurisprudence française, après avoir admis qu'aucune renonciation n'était possible, même dans le cas où elle serait autorisée par le gouvernement (S. 41,2, 592), paraît soutenir cette opinion. Dans un arrêt du 19 janvier 1891 (1), la Cour de cassation pose en principe que l'incompétence des tribunaux disparaît devant

(1) S. 91,1,297.

l'acceptation certaine et régulière faite par les personnes qui pourraient se prévaloir de l'immunité de juridiction. Ce mot *régulier* ne peut faire allusion qu'à l'autorisation du gouvernement que représente l'agent.

Ce droit de renoncer n'est pas contradictoire avec le caractère d'ordre public que l'on reconnaît au principe de l'immunité. Car : « en matière de franchises internationales, l'ordre public ne peut être séparé de la volonté du gouvernement intéressé. Si ce gouvernement estime que son envoyé est suffisamment protégé par l'application du droit commun et s'il préfère renoncer aux privilèges diplomatiques, on ne voit pas pourquoi l'ordre public exigerait qu'on écartât sa requête. L'immunité a certainement pour objet de faciliter les relations internationales ; elle n'est pas établie dans l'intérêt privé des ministres étrangers » (1).

M. Desjardins donne une explication analogue. Il faut distinguer l'ordre public international de l'ordre public interne. « Il ne rentre pas dans les attributions des tribunaux français d'appliquer à outrance et dans toutes les phases de la procédure une règle d'ordre public international, sous prétexte d'obéir au Code de procédure français, alors que le droit des gens lui-même suspend l'application de cette règle à un moment donné dans un intérêt international. Enfin, si l'on veut

_____

(1) Note sous l'arrêt de 1891 précité.

absolument chercher une analogie dans notre Code de procédure, on la trouvera dans l'article 7 qui ne permet de couvrir l'incompétence des tribunaux de paix que par un consentement exprimé dans une certaine forme » (1).

Au point de vue de l'immunité de la juridiction civile dont jouit le ministre public, une théorie prétend qu'il faut distinguer entre les actes passés par le ministre public comme tel ou comme particulier. L'exemption de la juridiction existerait dans le premier cas, non dans le second.

Cette distinction nous paraît devoir être repoussée comme arbitraire. Elle ne repose sur aucun texte ; elle n'est pas conforme à la pratique.

La question de savoir dans chaque cas si le représentant a contracté des obligations à titre privé ou comme représentant de la souveraineté d'un État présenterait de sérieuses difficultés.

Les appréciations seraient le plus souvent injustes, varieraient suivant les bonnes ou mauvaises relations des États. Les créanciers du ministre public affirmeraient que tous les actes sont accomplis par la personne privée.

Qui aurait le pouvoir de formuler la distinction ? est-ce le tiers ayant poursuivi le ministre ? Est-ce le ministre ? non ; ils sont intéressés. L'un des deux gouverne-

(1) Desjardins, *op. cit.*, p. 156.

ments? mais lequel des deux ? Est-ce le tribunal local ?
ce serait un cercle vicieux, car avant de faire juger la
distinction par le tribunal, il faudrait d'abord décider
si la soumission du ministre à la juridiction de ce tribunal pour le jugement de cette distinction regarde sa
personne privée ou publique.

D'ailleurs peut-on rationnellement faire la distinction entre les contrats passés par le ministre public
comme tel ou comme particulier ? Pour nous, nous ne
le croyons pas. On ne peut faire le dédoublement de
sa personne. Les contrats sont dans tous les cas passés
par le représentant d'un État qui garde sa qualité jusqu'au rappel ou la révocation.


Le respect dû aux nations en la personne de leurs
représentants, la nécessité d'assurer à ceux-ci toute la
sécurité nécessaire à l'accomplissement de leurs importantes fonctions, voilà donc les causes de l'inviolabilité et de l'indépendance diplomatiques.

Nous n'avons pas la prétention d'expliquer par elles
les autres prérogatives accordées aux agents diplomatiques : prérogatives pour le titre, pour le cérémonial
des audiences, pour le cérémonial des visites. Loin de
nous cette pensée. Ces pratiques ne peuvent s'expliquer que par les usages et la courtoisie des gouvernements. Faute de donner cette troisième raison, on ris-
que de diminuer la valeur des deux premières.

# APPENDICE

Après avoir parlé des ministres publics, disons quelques mots des consuls ; aucun jurisconsulte ne les fait bénéficier de la fiction d'exterritorialité : le résultat de nos recherches nous permet cette affirmation. Nous pourrions donc ne pas nous en occuper. Nous croyons cependant utile de donner une idée de leur mission et de les comparer aux ministres publics. Ce parallèle fera mieux apprécier les raisons que nous avons données des immunités diplomatiques.

Les consuls protègent à l'étranger les intérêts privés d'un État. « Ils ne sont pas envoyés pour représenter leur prince dans une cour ; ils ne résident pas auprès du souverain et ils n'ont pas d'affaires d'État à manier ; ils ne sont donc pas ministres, ils ne sont que des hommes d'affaires de leur nation pour le commerce » (1).

Les consuls ont un caractère public, mais n'ont pas le caractère représentatif, sauf dans les pays hors chrétienté, où les consuls sont de véritables ministres publics, jouissant de leurs immunités, exerçant même

_____

(1) Burlamaqui, 3ᵉ partie, chap. IV, § 17.

des droits plus importants, puisqu'ils exercent un droit de juridiction sur leurs nationaux.

Les ministres publics au contraire représentent l'intérêt public, représentent les États eux-mêmes.

L'une des deux idées sur lesquelles nous avons fait reposer les immunités diplomatiques, ne pourrait donc pas s'appliquer aux consuls, si on voulait les faire bénéficier d'immunités et de prérogatives. Examinons si l'autre pourrait recevoir son application.

Les fonctions consulaires ne ressemblent pas aux fonctions diplomatiques ; celles-ci présentent un caractère de difficulté et de danger que n'ont pas celles-là. La mission de négocier des traités, d'observer les événements, de protéger les nationaux, de défendre les intérêts d'un État, demande une attention de tout instant, exige des précautions multiples et rend plus ou moins suspects ceux qui l'exercent. Les ministres publics sont d'aimables espions que l'on vénère mais que l'on n'estime pas. La nature de leurs fonctions exige des prérogatives dont n'ont pas besoin les autres étrangers.

Ces difficultés n'existent pas pour les consuls. Ils n'ont aucun rôle politique à remplir. La protection du commerce et de la navigation, la délivrance des certificats de vie et des passeports, la réception des actes de l'état civil, constituent leurs principales fonctions. Ils peuvent les remplir fidèlement, en restant soumis à la juridiction territoriale. Au point de vue du droit commun, ils doivent être assimilés aux étrangers habitant le même pays qu'eux.

Les deux idées sur lesquelles nous avons fait reposer les immunités diplomatiques ne peuvent être appliquées dans le cas qui nous occupe.

La conclusion à tirer est que les consuls ne peuvent jouir de l'exterritorialité. Ils sont en principe soumis à la juridiction territoriale comme les régnicoles. Il faut pour changer cette situation un traité stipulant formellement des exemptions.

# CHAPITRE II

Un souverain séjournant à l'étranger, jouit de certaines prérogatives.

Il a droit à l'inviolabilité la plus entière. Toute injure, toute attaque dirigée contre lui doit être sévèrement réprimée.

Il jouit de l'exemption de la juridiction criminelle. « Il ne saurait être ni poursuivi ni condamné par un tribunal de répression : commet-il un crime, l'inviter à se retirer, au besoin l'expulser avec tous les égards dus à son rang, lui interdire le territoire, demander par voie diplomatique réparation à l'État dont il est le chef, si réparation est refusée rompre toutes relations, exercer même des représailles, telles sont les seules mesures possibles, alors même que le crime consisterait à fomenter des troubles, à participer à des luttes intérieures, à essayer de renverser le gouvernement local » (1).

Le souverain étranger est exempt aussi de la juridiction civile : c'est un usage admis par la pratique internationale. Des auteurs ne voient dans cet affranchisse-

(1) Bonfils, *Manuel de droit international public*, n° 641, p. 363.

ment qu'un acte de courtoisie et voudraient le supprimer. Leurs arguments n'ont pas encore prévalu. L'exemption du souverain de la juridiction civile est un droit absolu comme son exemption de la juridiction criminelle.

Nous donnons pour base aux immunités dont jouissent les souverains en pays étranger, leur caractère de représentants de nations souveraines. Les souverains sont les délégués des États ; ils sont les personnes physiques chargées de soutenir leur personne morale, de la représenter à l'intérieur et à l'extérieur. Ils personnifient l'État partout où ils se trouvent, quelque opération qu'ils fassent. La position légale des souverains à l'étranger doit nécessairement être celle des États (1). Le principe d'égalité des États : *Par in parem non habet potestatem*, doit leur être appliqué. Ils sont inviolables parce que toute atteinte à leur honneur, à leur liberté serait une atteinte à la souveraineté des pays dont ils sont les chefs. Ils ne sont pas soumis à la juridiction civile, parce que les nations en sont exemptes. Ils ne sont pas soumis à la juridiction pénale parce qu'ils personnifient l'indépendance des nations, et qu'entre nations, le droit de punir n'existe pas, qu'il n'y a que le droit de défense.

(1) « Les chefs d'État portent le caractère de la souveraineté avec eux dans tous les pays où ils se rendent. On ne saurait séparer en eux le caractère de la souveraineté de la personne qui en est revêtue. Lors donc que l'on reçoit le souverain d'un État étranger, on reçoit en sa personne, la représentation vivante des droits, de l'indépendance et de la souveraineté de l'État étranger. » Funck-Brentano et Sorel, *Précis du droit des gens*, p. 52.

On nous objecte que nous confondons le souverain avec l'État : que notre théorie était acceptable à une époque où l'on admettait que le souverain était l'État, que le souverain était dans l'État et l'État dans le souverain, de telle sorte qu'il était impossible de distinguer l'un de l'autre. Actuellement, dit-on, le chef de l'État est une personne distincte de la personne de l'État. La souveraineté n'est plus dans le chef d'État, elle réside dans la nation qui ne se donne un chef que parce qu'une direction est nécessaire. Le chef de l'État n'est en réalité qu'un fonctionnaire du rang le plus élevé, qui, loin d'être la nation, ne tient ses pouvoirs que de sa volonté et ne se maintient à sa tête que parce qu'elle le veut.

Il nous semble que cette objection confond deux choses : la souveraineté et la représentation.

Que les chefs d'État ne soient pas la personnification de la souveraineté nationale, que leur pouvoir soit dérivé, peu importe pour notre théorie ; que la souveraineté réside dans la nation ; c'est la doctrine la plus répandue. La nation est toute puissante : son chef est nommé par elle. Mais cette question de savoir si la souveraineté est personnifiée dans la nation est une question de droit constitutionnel et n'intéresse pas le droit international. En droit international, on se demande : « Qui est le représentant des États ? » Et on répond : « c'est le souverain qui est le représentant général, suprême et unique des États, qu'il porte le nom de roi ou de président de république. » Le fait, pour la nation, de posséder la souveraineté n'est pas en opposition avec le fait pour le souverain de représenter cette souveraineté pleinement à l'intérieur et à l'extérieur. En d'autres termes, au point de vue de la souveraineté, il faut distinguer la nation de son chef : la nation est souveraine et nomme un chef qui tient ses pouvoirs d'elle. La nation est un intermédiaire entre Dieu détenteur de tout pouvoir et le souverain. Mais au point de vue de la représentation, de la manifestation de la souveraineté, l'État et le chef d'État ne font qu'un, ou plutôt l'État aura toujours besoin d'un souverain, d'un administrateur permanent.

Ces mêmes arguments servent pour répondre à une seconde objection.

Un chef d'État, dit-on, n'a que les pouvoirs donnés par la constitution. Il doit obéir à des règles fixes qu'il ne peut violer sans outrepasser le mandat qui lui a été donné. Il y a dans votre théorie incompatibilité entre la restriction de pouvoir à l'intérieur et la plénitude de pouvoir à l'extérieur.

Nous répondrons que c'est se faire une fausse idée de la représentation. La nation peut donner à son chef des pouvoirs limités pour l'accomplissement des affaires intérieures, comme le vote des lois, la convocation des Chambres, pour l'accomplissement de certaines affaires extérieures comme les traités, les déclarations de guerre; la souveraineté peut être divisée par les lois constitutionnelles entre plusieurs personnes physiques ou morales ; mais pour la représentation aucune limite ne peut être apportée à l'intérieur comme à l'extérieur, le souverain représente l'État d'une manière absolue.

On pourrait d'ailleurs demander à ceux qui font l'objection de dire qui a le caractère représentatif complet. Si l'on n'admet pas la plénitude du caractère représentatif du chef d'État, dans les cas où le pouvoir de celui-ci n'existera pas, qui sera le représentant ?

Nos adversaires n'abandonnent pas la partie : nous comprenons, disent-ils, votre raisonnement quand le souverain est à l'étranger pour raison d'État. Mais quand il y séjourne pour son agrément, il n'y a plus de motif de lui donner des prérogatives.

Les souverains à l'étranger jouissent toujours des immunités, parce qu'elles leur sont accordées en raison de leur caractère représentatif, qu'on ne peut leur enlever.

Le chef d'État peut renoncer à l'immunité de juridiction. Pourquoi ?

Nous ne faisons pas la distinction entre les contrats passés par le souverain comme particulier ou comme souverain. Elle n'est pas plus rationnelle pour les souverains que pour les ministres publics.

Le souverain peut renoncer à l'exemption de la juridiction territoriale, parce qu'étant le chef du pouvoir exécutif dont le fonctionnement ne peut s'arrêter pas plus que l'existence de la nation, étant le point fixe et permanent du gouvernement, ayant la confiance de la nation, il peut seul décider si sa soumission aux tribunaux étrangers nuit ou ne nuit pas à la dignité et à l'indépendance de l'État qu'il représente.

La jurisprudence française semble être en ce sens. Nous avons donné une opinion contraire pour la renonciation des ministres publics, parce que les ministres publics n'ont pas les mêmes pouvoirs que les souverains.

Cela nous amène à faire le parallèle du souverain et du ministre public au point de vue du droit international.

Le ministre public représente l'État, mais seulement dans l'État où il est accrédité. Le souverain le représente pour tous les États.

Le ministre public remplit sa mission en suivant des instructions déterminées. S'il est le représentant d'un État et non d'un souverain, il est pourtant nommé par le souverain, il en reçoit, pour l'accomplissement de ses fonctions, des enseignements auxquels il doit obéir. Au souverain il doit s'adresser, s'il croit utile de ne pas suivre telle ligne de conduite ordonnée. Il est représentant d'un État sous la condition de ne rien entreprendre sans en déférer à son gouvernement. Le souverain a au contraire un plus grand pouvoir. Il est le chef du gouvernement et comme tel ne reconnaît aucun supérieur : la nation peut manifester son mécontentement. Dans les pays parlementaires, le Parlement peut voter un blâme.

Mais il est juge des avantages et des inconvénients d'une ligne de conduite à tenir.

La position légale du ministre public vis-à-vis du souverain a beaucoup d'analogie avec une situation que nous rencontrons en droit civil, la situation du substitué en cas de substitution de mandat.

Plaçons-nous dans l'hypothèse d'une procuration autorisant expressément ou tacitement la substitution, supposons que le mandataire s'est substitué un tiers pour l'accomplissement de son mandat. Dans les rapports du substituant et du substitué, la substitution est un mandat et elle en produit les effets. Le substitué tient ses pouvoirs du substituant qui le nomme, mais il fait la chose du mandant. Dans les rapports du mandant et du substitué, la substitution disparaît pour ainsi dire, le substitué est tenu envers le mandant, comme s'il était son mandataire direct.

La même situation se retrouve avec les mêmes effets dans notre question. Le souverain a reçu de la nation mandat de la représenter auprès des États étrangers, comme il ne peut seul accomplir sa mission, il se substitue le ministre public.

Le ministre public tient ses pouvoirs du souverain, le souverain peut critiquer la conduite de son substitué s'il n'accomplit pas fidèlement ses fonctions, faire tomber la substitution par le rappel ou la révocation. Mais malgré la présence du souverain intermédiaire entre la nation et le ministre public, celui-ci fait la chose de la nation et est tenu envers elle.

# CHAPITRE III

Dans les pays d'Orient, de Barbarie et d'Extrême-
Orient, appelés pays hors chrétienté, les consuls et les
ressortissants des États chrétiens jouissent de nombreux
privilèges.

Les consuls ont la situation de ministres publics. Ils
ont le caractère public et représentatif. Ils jouissent
des immunités diplomatiques. Ils ont même un pouvoir
plus important que les ministres publics, puisqu'ils
exercent sur leurs nationaux sans distinction de profes-
sions, des pouvoirs étendus pour le jugement des procès
civils et pour la poursuite et la punition des délits.

Les ressortissants des États chrétiens jouissent de
l'inviolabilité de la personne et du domicile, et sont
exempts dans une large mesure de la juridiction territoriale civile et pénale.

L'inviolabilité de la personne leur permet de circuler
dans toutes les divisions du territoire, sans pouvoir être
inquiétés.

L'inviolabilité du domicile ferme la demeure de l'é-
tranger aux recherches des autorités locales. Ce prin-

cipe qui était autrefois absolu, a reçu des restrictions par le protocole du 9 juin 1868.

En matière civile, il existe des règles spéciales de compétence : les contestations s'élevant entre étrangers de même nationalité sont jugées par le consul de leur nation commune : les contestations entre étrangers de nationalité différente sont jugées par le consul du défendeur (1).

En matière pénale, les tribunaux consulaires sont compétents pour juger tous les délits commis par un étranger, qu'ils soient commis à l'égard d'un étranger de même nationalité, à l'égard d'un étranger de nationalité différente ou à l'égard d'un indigène. L'article 65 de la capitulation de 1740 réserve bien la poursuite des délits de cette dernière catégorie à l'autorité locale ; mais, sans avoir été abrogé, cet article est tombé en désuétude. L'usage est établi que l'étranger qui a commis une infraction à l'encontre d'un indigène, doit être déféré au consul.

En plus de ces privilèges, dans certains centres où le groupement des étrangers est *important*, les étrangers de même nationalité ont le droit de s'organiser en corps de nation. Cette organisation tend, il est vrai, à disparaître, mais pour les Français elle existe encore aujourd'hui dans quelques villes. Elle comprend les

---

(1) A prendre la lettre de l'article 52 de la capitulation de 1740, la juridiction locale est aussi compétente dans les différends de cette nature, si les deux parties consentent à porter devant elle leur procès. Mais cette partie de l'article 52 n'a jamais été mise en pratique.

assemblées nationales et les députés de la nation. L'assemblée nationale est la réunion des Français se trouvant dans l'arrondissement : son principal devoir est de veiller sur les intérêts de la colonie. Les députés, au nombre de un ou de deux, suivant l'importance des établissements, ont un rôle de surveillance et de consultation.

Pourquoi les consuls et les ressortissants des États chrétiens jouissent-ils dans les pays hors chrétienté de cet ensemble de prérogatives, si contraires aux règles ordinaires du droit public international ?

Des auteurs veulent trouver la raison de cette situation dans la fiction d'exterritorialité (1). Les étrangers dans les pays d'Orient et d'Extrême-Orient sont censés se trouver sur le territoire de leur État ; ils sont donc soumis à leur loi nationale comme s'ils étaient véritablement restés dans leur pays.

Comme nous l'avons fait remarquer dans la première partie de notre travail, la fiction est une explication insuffisante et inexacte. Imaginer une situation invraisemblable pour l'explication d'une immunité, quand la raison s'en trouve dans l'ordre naturel des choses nous semble inutile.

_____

(1) « Presque tous les États ont obtenu dans les pays musulmans le bénéfice d'une sorte d'exterritorialité, dont l'effet est de faire considérer leurs ressortissants comme n'ayant pas quitté le territoire de leur patrie, comme n'ayant pas cessé d'être soumis à la juridiction de leurs autorités nationales. » *Traité élémentaire de droit international privé*, par M. André Weiss, 1886, p. 481.

Voici l'explication que nous proposons : les étrangers dans les pays hors chrétienté jouissent de l'inviolabilité de la personne et du domicile, sont exempts de la juridiction civile et pénale, parce que des textes authentiques, appelés capitulations, règlent en détail leur position légale en ces pays. Sans ces traités, les étrangers ne pourraient invoquer aucun droit spécial. Ils auraient dans les pays hors chrétienté, la situation qu'ils occupent dans les États chrétiens. Les traités sont donc la cause de leurs immunités. Ils en sont aussi le Code, c'est-à-dire que c'est à la lettre de ces traités qu'il faut recourir pour reconnaître l'étendue des immunités.

Il n'est pas nécessaire de supposer que l'étranger a emporté une parcelle de terre nationale, qu'il ne quitte jamais ; que ses nationaux occupent des parcelles de même étendue, et que la réunion de toutes ces parcelles constitue un territoire national sur lequel les autorités locales ne peuvent exercer aucun pouvoir de juridiction, à cause du principe d'indépendance des nations les unes vis-à-vis des autres (1).

Le motif qui a poussé les auteurs à imaginer la fiction

_____

(1) « Il ne peut être ici question d'aucune fiction. L'arrondissement consulaire forme un domaine du pouvoir de l'État étranger, y fonctionnant réellement. Par exemple : les arrondissements des tribunaux consulaires allemands en Orient ne sont pas une portion du territoire de l'Empire, mais un domaine régulier du pouvoir allemand. Les protégés ne se trouvent pas dans la sphère d'une souveraineté territoriale allemande, mais dans une sphère géographique personnelle et déterminée (par leur association protectrice) où les lois et tribunaux de la patrie exercent leur pouvoir. » De Heyking, *op. cit.*, p. 139.

d'exterritorialité pour l'explication des privilèges reconnus aux ressortissants des États chrétiens en Orient et
Extrême-Orient est, croyons-nous, le texte des capitulations. En effet, ces traités ne font pas bénéficier les Européens de la législation musulmane : ils ne rendent pas
plus douces les règles édictées par le Coran contre toute
personne qui n'est pas musulmane. Au contraire, ils
proclament les Européens complètement indépendants
des pouvoirs locaux ; ils les séparent des régnicoles, en
forment des groupes distincts soumis à leurs lois nationales. Les jurisconsultes ont été naturellement portés à
supposer ces groupes d'étrangers habiter une portion du
territoire de leur État.

Pourquoi est-il fait mention de privilèges dans les
traités passés avec les États musulmans et non dans
tous les traités internationaux ? Cette question diffère
de celle que nous venons d'étudier. Nous nous sommes
demandé pourquoi les Européens jouissaient de prérogatives en Orient et en Extrême-Orient ; et nous avons
répondu que la situation des Européens était telle,
parce que par des traités les souverains des pays hors
chrétienté s'étaient démis de leur pouvoir sur les étrangers. Nous recherchons maintenant le pourquoi des
traités, la cause de la cause, en d'autres termes, pour
employer le langage juridique, nous recherchons les motifs qui ont décidé les États chrétiens à demander les
capitulations.

L'organisation religieuse, politique et judiciaire des
États chrétiens est complètement différente de celle des
États musulmans. Les peuples d'Orient ne voient dans
les étrangers que des infidèles, le Coran ordonne la
haine de tout ce qui n'est pas musulman et pose en
principe que l'unique pensée d'un bon croyant doit être
de traiter les chrétiens comme des êtres méprisables.
De semblables sentiments n'étaient pas de nature à décider les commerçants d'Occident à établir des comp-
toirs dans ces pays étranges. Le commerçant ne s'établit au loin que lorsqu'il est assuré de trouver une
législation qui accorde aux étrangers la plus grande liberté.

Il fallait donc de toute nécessité, pour que les ressortissants des États chrétiens pussent se fixer en Orient,
les soustraire à la domination territoriale, les exempter d'une juridiction dont le principe est la partialité.
Voilà le motif des capitulations. Grâce à elles, les étrangers sont sous l'autorité de leur consul, sont jugés suivant les règles de leur justice nationale, Ils peuvent
donc former des établissements en toute liberté.

Les capitulations n'existant que parce que la civilisation des États musulmans est différente de celle des
États chrétiens, sont appelées à disparaître. De nos
jours elles n'ont déjà plus le même caractère que jadis ; elles ne sont plus appliquées dans toutes leurs
clauses ; des lois ont apporté des modifications. Ce

mouvement doit se continuer. Il arrivera un jour où grâce à la pénétration de l'influence européenne, les pays hors chrétienté auront une législation qui assurera une pleine sécurité aux étrangers. Ce jour-là les capitulations n'auront plus de raison d'être.

Un des cas où la différence entre la théorie de la fiction et celle que nous avons admise éclate avec le plus d'évidence, concerne la publication des lois de la métropole.

Les partisans de la fiction faisant de l'arrondissement consulaire un prolongement du territoire français, appliquent à cet arrondissement les dispositions de l'article 2 du décret-loi du 5 novembre 1870 et celles de l'article 1 du Code civil, relatifs à la publication des lois françaises. L'article 2 est ainsi conçu : « Les lois et les décrets seront obligatoires dans l'étendue de chaque arrondissement, un jour franc après que le *Journal officiel* qui les contient sera parvenu au chef-lieu de cet arrondissement » et l'article 1$^{er}$ « la promulgation faite par le roi sera réputée connue dans le département de la résidence royale un jour après celui de la promulgation ; et dans chacun des autres départements après l'expiration du même délai, augmenté d'autant de jours qu'il y aura de fois dix myriamètres entre la ville où la promulgation en aura été faite et le chef-lieu de chaque département ». Ces textes fixent le moment où la loi devient obligatoire dans chaque partie du territoire français. Comme les pays hors chrétienté sont considérés, pour les Français, territoire français, il faut leur appliquer la même législation. La Cour d'appel d'Aix a rendu un arrêt en ce sens (arrêt du 2 avril 1887, *Journ. de Dr. int. p.*, 1888, p. 788). Elle a décidé qu'une loi votée en France est obligatoire un jour après le jour de l'arrivée au consulat du *Journal officiel* qui la contient.

Nous ne pouvons accepter cette solution. Les pays hors chrétienté sont pays étrangers. L'article 1er et l'article 2 ci-dessus cités ne leur sont donc pas applicables. Dans ces pays l'exécution d'une loi française ne peut avoir lieu qu'à partir du moment où la promulgation aura été connue. C'est essentiellement une question de fait dont la solution rentre dans le domaine souverain des consuls.

Des auteurs qui n'admettent pas que la fiction d'exterritorialité est cause générale et unique des prérogatives des étrangers en pays d'Orient et d'Extrême-Orient, la croient pourtant nécessaire pour expliquer certaines de ces prérogatives. Ainsi quelques-uns croient que la fiction d'exterritorialité peut seule expliquer l'exemption de la juridiction pénale (1).

Ils la rejettent en matière civile, parce qu'elle entraînerait l'application unique de la loi française. Or il est de jurisprudence que les Français dans les Échelles du

(1) Chaune, *Revue critique*, 1889, p. 254 ; Renault, *id.*, 1884, p. 719.

Levant, pour la forme des actes, peuvent suivre les prescriptions de la loi territoriale ou celles de la loi française.

Mais « en matière pénale la fiction doit être tenue pour vraie. L'article 75 § 1 de la loi de 1836 qui dispose que les infractions commises par les Français en Orient seront punies des peines portées par les lois françaises, doit être entendu en ce sens que pour les faits délictueux, les Français sont censés en France. Les infractions commises par eux doivent être qualifiées comme elles le seraient si elles étaient commises sur notre territoire (Cass., 5 juin 1884, S. 1885, 1, 517). La Cour d'Aix a fait une remarquable application de l'article 75 en décidant que les tribunaux français sont compétents pour juger un Français accusé d'avoir fabriqué au Caire des monnaies égyptiennes (arrêt du 17 novembre 1883, *Journal du droit international privé*, 1884, page 287). Si la fiction d'exterritorialité n'avait pas été appliquée, le coupable aurait été assuré de l'impunité, car d'une part les autorités locales n'avaient pas compétence pour le juger, et d'autre part nos tribunaux auraient été désarmés, puisque l'article 133 du Code pénal ne punit la contrefaçon de monnaies étrangères que lorsqu'elle a lieu en France » (1).

On peut faire à ce système deux objections. D'abord il est peu rationnel de supposer qu'un individu réside

_____

(1) Chaune, article précité.

en France quand il s'oblige par un délit, et en Orient quand il s'oblige par un contrat. Dans le monde des fictions, l'imagination joue un grand rôle ; on ne peut pourtant pas imaginer des situations trop invraisemblables.

D'autre part l'argument tiré du paragraphe premier de l'article 75 de la loi de 1836 n'est pas concluant. Les lois pénales françaises sont appliquées en pays hors chrétienté, alors qu'elles ne peuvent l'être dans les autres pays ; et pour expliquer cette différence, on imagine pour ces pays hors chrétienté un changement fictif de souveraineté, on les fait territoire français. La loi française ne pouvant en principe être appliquée qu'en France, il faut nécessairement, dit-on, que toutes les parcelles du territoire où elle est appliquée, soient territoires français.

On oublie que le système de la territorialité des lois pénales n'est pas le seul suivi par les législations, qu'il existe les systèmes de la personnalité, et les systèmes mixtes où la loi pénale se rattache plus ou moins à la personnalité ou à la territorialité. Le système français est précisément un système mixte. Les articles 5, 6, 7 du Code d'instruction criminelle (loi de 1866) permettent de punir les crimes et délits commis à l'étranger. L'hypothèse prévue par ces articles n'est pas celle que nous étudions, car l'application de la loi française aux infractions commises à l'étranger est soumise à des conditions : le jugement ne peut avoir lieu qu'en France.

Il faut que le prévenu soit de retour en France. De plus les tribunaux français appliquent aux Français ayant commis un délit à l'étranger la loi qu'ils appliquent au Français ayant commis un délit en France. Mais ces conditions, le législateur de 1866 aurait pu ne pas les édicter. Le législateur a un pouvoir souverain. Il peut décider qu'un tribunal français est compétent pour juger un individu coupable d'avoir commis un crime à l'étranger et resté à l'étranger. Il peut même voter un Code pénal spécial pour les délits commis par les Français dans les pays étrangers et donner aux ministres publics qui le représentent le pouvoir de les juger suivant les dispositions de ce code, si ces pays étrangers se décident à abandonner une part de leur souveraineté.

C'est ce qu'il a fait en 1836. La loi de 1836, qui règle dans les pays hors chrétienté les rapports de la colonie française avec la France pour l'administration de la justice pénale, est une loi spéciale. Le législateur français a usé d'un moyen rapide : il désirait faire une loi pénale pour les Français en Orient ; le Code pénal appliqué en France, lui paraissant présenter toutes les qualités désirables, il a cru inutile de voter un nouveau code qui n'aurait été que la reproduction de celui-là, il a décidé par un seul article de la loi de 1836, que les infractions à punir en Orient et en Extrême-Orient seraient celles prévues par le Code pénal.

Mais de ce que les articles du Code pénal français sont applicables en pays hors chrétienté, il ne faut pas

conclure que ces pays sont territoire français. Ils restent pays étrangers : les dispositions de la loi pénale
française y sont appliquées par suite de l'abandon de
souveraineté fait par la Sublime Porte dans les capitulations, et du règlement établi par la loi de 1836. C'est
la loi française qui a été transportée en Orient ; mais
par le fait de ce transport, elle a perdu son caractère de
française. Il y a, pour ainsi dire, deux lois pénales, celle
applicable aux Français en France qui se trouve dans le
Code pénal ; celle applicable aux Français en pays hors
chrétienté qui est contenue dans l'article 75 de la loi de
1836.

Les infractions à punir en Orient sont donc en principe celles à punir en France ; en principe seulement,
car il est des articles du Code pénal qui ne pourront être
appliqués en France hors chrétienté. L'article 133 dont
il était question plus haut est un de ceux-là. Nous ne
pouvons admettre la décision de la Cour d'Aix : quelque
inébranlable que paraisse cette jurisprudence, nous
nous joignons à la minorité qui en demande la réforma-
tion au nom des textes et des principes. En effet que dit
l'article 133 ? « Tout individu qui aura en France, con-
trefait ou altéré des monnaies étrangères... sera puni
des travaux forcés à temps ». Il parle d'un délit commis
en France et non d'un délit commis à l'étranger. Donc
les consuls ne sont pas compétents. Il y a une lacune,
nous l'avouons. Le législateur a fait besogne trop hâtive.
Dans la confection de la loi de 1836, il aurait dû prévoir

le cas. Toujours est-il que l'article 133 ne peut être appliqué aux pays de chrétienté. C'est ce que commande la rigueur des principes. Nous préférons prendre cette solution que de fausser un principe pour y échapper. S'il y a un défaut dans les dispositions de la loi sur ce point, ce n'est pas à l'interprète de le faire disparaître en violant une de nos règles d'interprétation les plus certaines, celle qui défend d'étendre une disposition exceptionnelle en dehors de ses termes.

Les partisans de la fiction d'exterritorialité, sous prétexte de faire ressortir l'inadmissibilité de notre théorie, nous tiendront peut-être le langage suivant : « Vous ne voulez pas accepter pour les consuls et les nationaux français se trouvant dans les pays d'Orient et d'Extrême-Orient, la résidence fictive en France. Ces pays sont et restent pour tous pays étrangers, vous devez donc admettre, pour être conséquents avec votre principe, que les jugements des consuls sont des « Jugements rendus en pays étranger ». Pour produire en France les effets qui sont attachés aux jugements français, ils ont donc besoin de l'exequatur, comme tous les jugements étrangers, article 546 du Code de procédure civile, et article 2123 du Code civil. Et pourtant la solution contraire est admise par la jurisprudence et les auteurs. Les décisions des consuls ont l'autorité de la chose jugée et sont exécutoires en France, sans aucun jugement des tribunaux français. L'article 10 de l'ordonnance du

23 octobre 1833 exige, il est vrai, la légalisation de la signature du consul par le ministre des affaires étrangères avant la mise à exécution du jugement, mais cette légalisation n'est pas une espèce d'exequatur. Elle ne tient pas au défaut d'autorité de la décision. Elle est exigée uniquement pour établir la sincérité de la signature et pour éviter toute difficulté sur l'authenticité du jugement. Les décisions émanées des tribunaux consulaires ont la force exécutoire des décisions des tribunaux siégeant en France. La conclusion est que pour expliquer la pratique de la jurisprudence il faut ou admettre la fiction d'exterritorialité et dire que les jugements consulaires sont rendus en territoire français, ou supposer que la jurisprudence se joue de l'article 2123 du Code civil

Ces objections ne nous effraient pas. La doctrine de la jurisprudence pour les jugements consulaires s'explique sans que l'on soit forcé de faire appel à la fiction. La législation des pays hors chrétienté est une législation spéciale, différente de la législation française, elle doit être étudiée telle qu'elle est. On ne peut appliquer aux jugements des agents consulaires les règles applicables aux jugements rendus dans la métropole, parce que nous avons un texte spécial qui règle la matière. Nous avons l'article 35 de l'ordonnance de 1778 qui n'a pas été abrogée par les articles 546 et 2123, et qui est ainsi conçu : « Indépendamment de l'exécution des sentences de nos consuls par toutes les voies praticables dans les pays où elles auront été rendues, elles seront encore exécutées dans toute l'étendue de notre Royaume en vertu du *pareatis* de même que les sentences rendues par nos autres juges. » L'article est formel. Le principe de droit qui veut que les jugements étrangers soient soumis en France à la formalité de l'exequatur reçoit exception pour les jugements consulaires. Le *pareatis* dont il est parlé n'est pas une formalité nouvelle, c'est le *pareatis* du jugement lui-même.

On pourrait présenter un autre argument. L'article 2123 parle des jugements étrangers.

L'article 546 parle, il est vrai, des jugements rendus en pays étrangers. Mais tous sont d'accord pour dire que la formule de l'article 546 est défectueuse, que les mots « rendus en pays étrangers » doivent être remplacés par le mot « étrangers » de l'article 2123, les jugements consulaires ne sont pas soumis à la formalité de l'exequatur, parce qu'ils ne sont pas des jugements français. Les juridictions consulaires, bien qu'elles s'exercent à l'étranger, sont des juridictions françaises.

# CHAPITRE IV

## ARMÉE SUR LE TERRITOIRE ÉTRANGER AVEC LE CONSENTEMENT DU SOUVERAIN ÉTRANGER.

Une armée étrangère peut occuper le territoire d'un État de deux manières différentes : en temps de guerre contre la volonté du souverain, en temps de paix avec son consentement (1).

Il est admis par la pratique internationale que, dans les deux cas, l'armée a droit à certaines prérogatives. Pour les expliquer, des jurisconsultes ont eu recours à une fiction d'exterritorialité analogue à celle appliquée aux personnes dont nous avons étudié la situation à l'étranger. Cette question de l'armée étrangère rentre donc dans notre étude ; mais parlant de l'exterritorialité par rapport aux personnes, nous ne traiterons que de l'occupation consentie par le souverain du territoire occupé (2). Dans ce cas, en effet, le corps de troupes est indépendant de la juridiction territoriale, mais le territoire sur lequel il se trouve, les nationaux et les étran-

(1) Ces distinctions sont faites par l'article 13 d'une loi du 13 brumaire an V, par l'article 63 du code de justice militaire pour l'armée de terre, par un décret du 21 février 1808.

(2) Occupation française : Espagne, 1824 ; Etats pontificaux, de 1849 à 1866 et 1867 à 1870 ; Tunisie en 1881.

gers ne faisant pas partie des troupes, restent soumis au souverain légitime. La situation est tout autre dans le second cas d'occupation, c'est-à-dire le cas d'occupation subie en temps de guerre par l'un des adversaires. En plus de l'armée d'occupation, le territoire lui-même est soumis aux lois de l'occupant. Il s'agit d'un cas d'exterritorialité réelle : nous n'avons donc pas à nous en occuper.

Les prérogatives accordées à l'armée d'occupation se rapportent à la juridiction civile et à la juridiction pénale.

En matière civile, il faut distinguer l'armée prise comme être collectif, des membres de cette armée pris individuellement.

L'armée jouit de l'immunité de juridiction civile pour les contrats qu'elle passe avec les habitants du pays qu'elle occupe. Faut-il pour expliquer cette situation faire appel à une fiction, supposer que l'armée n'a pas quitté son pays ? nous ne le croyons pas. L'explication de cette prérogative se trouve dans la nature même de l'armée. L'armée représente l'activité de l'État, la mise en action de ses droits primordiaux. Elle existe pour protéger son indépendance et faire respecter par tous sa souveraineté. Elle constitue une fraction, une émanation de l'État lui-même. « Être juridique, être métaphysique, l'État marche avec ces fractions, avec ces corps détachés de lui-même. Cette proposition qu'il est en eux ou avec eux, au point de vue personnel est rigoureusement exacte. Lorsqu'on dit, en parlant des armées, que là où est le drapeau, là est la patrie, ce n'est pas la patrie matérielle, la patrie territoriale que l'on veut dire : c'est la patrie morale, la patrie vivante, la patrie être collectif, personne publique qui tient sa place et joue son rôle dans la grande famille des nations » (1). L'armée étant la personnification de l'État, doit jouir partout des droits qui sont reconnus à l'État. L'armée et l'État ne faisant qu'une seule et même chose, tout privilège dont jouit un État ne peut ne pas être appliqué à son armée. La logique veut cette assimilation. Donc si une armée à l'étranger est exempte de la juridiction, c'est parce qu'un État ne peut être soumis à la juridiction étrangère et non parce qu'en pays étranger, elle est censée occuper son propre pays.

Nous avons vu que l'État peut consentir à se laisser juger par une juridiction étrangère. Nous donnons le même pouvoir à l'armée, mais comme elle dépend du gouvernement, il faut, pour qu'elle puisse se soumettre à la juridiction étrangère, le consentement exprès de ce gouvernement.

Les membres de l'armée pris individuellement sont soumis à la juridiction civile de l'État qu'elle occupe, pour les liens de droit qui peuvent exister entre eux et les nationaux de cet État. Aucune bonne raison ne peut

---

(1) Ortolan, *Eléments de droit pénal*, t. 1, p. 418, 5ᵉ édition revue par M. Desjardins.

être apportée pour les en exempter. On ne peut invoquer l'idée de représentation de l'État. Chaque soldat participe bien pour sa part à la représentation de l'État, en ce sens que joint aux autres soldats, il forme l'armée, mais seul il n'est pas le représentant. On ne peut non plus s'appuyer sur les inconvénients que présenterait pour la bonne organisation de l'armée la soumission de ses membres à la juridiction ordinaire. Dans son pays, le militaire est en matière civile soumis à la juridiction de droit commun.

En matière pénale, l'armée en pays étranger jouit de l'immunité de juridiction territoriale. Cette immunité ne peut s'appliquer qu'aux militaires en tant que personnes privées. Les collectivités ne peuvent en effet être reconnues pénalement responsables ; pour elles il n'existe que la responsabilité civile. La responsabilité pénale d'une collectivité en tant que collectivité n'existe pas. Ce qui existe, c'est la responsabilité des membres dont elle se compose.

Quelle est l'étendue de cette prérogative ? Quelle en est la raison ?

Pour l'étendue de l'immunité, aucune difficulté si la question est réglée par la convention (1). Mais *quid* si

(1) Convention conclue à Madrid le 9 février 1824 entre la France et l'Espagne pour régler le séjour des troupes françaises dans la péninsule : article 6 : « Les militaires français, les employés de l'armée et les individus à sa suite, étant justiciables des seuls tribunaux militaires français, ceux d'entre eux qui seraient arrêtés par les autorités espagnoles, seront remis immédiatement aux commandants français les plus voisins du lieu de l'arrestation. »

la convention est muette ? Les auteurs sont très divisés
sur ce point. Les uns décident que tous ces délits doivent être jugés par les tribunaux de l'armée, délits
commis par les militaires comme les délits commis à
l'encontre de l'armée d'occupation par les habitants.
D'autres donnent une compétence entière à l'armée
d'occupation pour les délits de discipline ; mais pour les
infractions de droit commun, ils distinguent les délits
commis par les soldats contre les habitants, par les
habitants contre les soldats, ou par les soldats contre
les soldats. Ils donnent compétence à la juridiction locale pour les délits des deux premières catégories ; pour
ceux de la troisième, ils la lui donnent si la tranquillité
locale a été troublée. Dans le cas contraire, les tribunaux de l'armée sont compétents (Bonfils, *De la compétence des tribunaux français à l'égard des étrangers*,
n° 336). Il est des auteurs qui, après avoir fait les mêmes
distinctions, ne donnent pas les mêmes solutions. Ainsi
pour les délits commis par un soldat contre un habitant
et pour ceux commis entre soldats, de nature à compromettre la tranquillité locale, ils admettent la compétence de la juridiction qui se sera saisie la première
(Ortolan).

Pour nous, nous croyons que c'est la raison de
l'exemption de la juridiction pénale qui doit déterminer
l'étendue de cette exemption.

Or les militaires à l'étranger sont jugés par les tribunaux de leur armée parce que dans leur pays ils sont

soumis à cette juridiction. Par le fait de l'entrée des citoyens dans l'armée, ils sont soustraits à la juridiction
du droit commun : délits, procédure, peine, exécution
sont réglés par des lois spéciales. Leur statut est changé.
Un caractère s'imprime en eux, qui les suit partout et
les met partout en une situation exceptionnelle vis-à-vis
du droit commun. Le privilège d'être jugé par une juridiction extraordinaire doit leur appartenir dans tous les
pays, comme quelque chose qui s'est attaché à eux,
quelque chose de personnel, qu'ils ne peuvent abandonner tant qu'ils auront la qualité de soldats. La fiction
d'exterritorialité est donc aussi inutile pour expliquer
l'exemption de la juridiction pénale que pour expliquer
l'exemption de la juridiction civile.

Cette question de personnalité nous porte à décider
que les délits qui à l'étranger seront jugés par les tribunaux militaires sont les délits soumis à cette juridiction
dans le pays national. La question d'étendue de l'exemption est liée à la question de son explication.

# CONCLUSION

Nous ne pouvons mieux terminer notre travail sur la fiction d'exterritorialité, qu'en rappelant brièvement les conclusions de chacune de ses parties. Cette vue d'ensemble permettra de constater que nous avons rempli le programme que nous nous étions imposé dans l'exposé préliminaire.

1° Les ministres publics, les chefs d'État souverains, les corps de troupes en territoire étranger, les consuls et les ressortissants des États chrétiens dans les pays hors chrétienté sont indépendants de la souveraineté locale.

2° Pour justifier cette indépendance, certains jurisconsultes ont recours à la fiction d'exterritorialité : Si les ministres publics, les chefs d'État, les officiers et soldats d'une armée, les consuls et les ressortissants des États chrétiens sont inviolables et sont exempts de la juridiction territoriale, c'est qu'ils sont censés, pendant le cours de leur mission ou de leur voyage, continuer leur résidence sur le territoire de leur propre pays.

Cette explication doit être rejetée.

Elle est inutile parce que les immunités s'expliquent sans qu'il soit nécessaire de recourir à elle.

Elle est insuffisante en ce qu'elle ne peut justifier toutes les immunités du droit international.

Elle est inexacte en ce qu'elle aboutit à des conséquences inadmissibles.

3° Il est plus rationnel d'expliquer par des raisons différentes la position légale à l'étranger de chaque catégorie de personnes.

Les immunités diplomatiques prennent leur source dans le caractère du ministre public et dans les nécessités de sa mission.

Les immunités des souverains et des corps de troupes ont leur raison justificative dans le caractère représentatif dont ils sont investis.

Enfin les immunités des consuls et des ressortissants des États chrétiens dans les pays hors chrétienté reposent sur les textes des capitulations ou sur les clauses des traités de commerce.

Vu :

H. MOULIN.

Vu :

Le Doyen de la Faculté de
Droit de l'Université de Dijon,

E. BAILLY.

Vu et permis d'imprimer :

Le 27 octobre 1897,

*Le Recteur de l'Académie,*

GASTON BIZOS.

# TABLE DES MATIÈRES

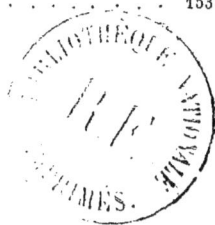

Imp. G. Saint-Aubin et Thevenot. — J. Thevenot, Successeur, Saint-Dizier (Haute-Marne).

Imp. G. Saint-Aubin et Thevenot. — J. Thevenot, successeur, Saint-Dizier (Hte-Marne)

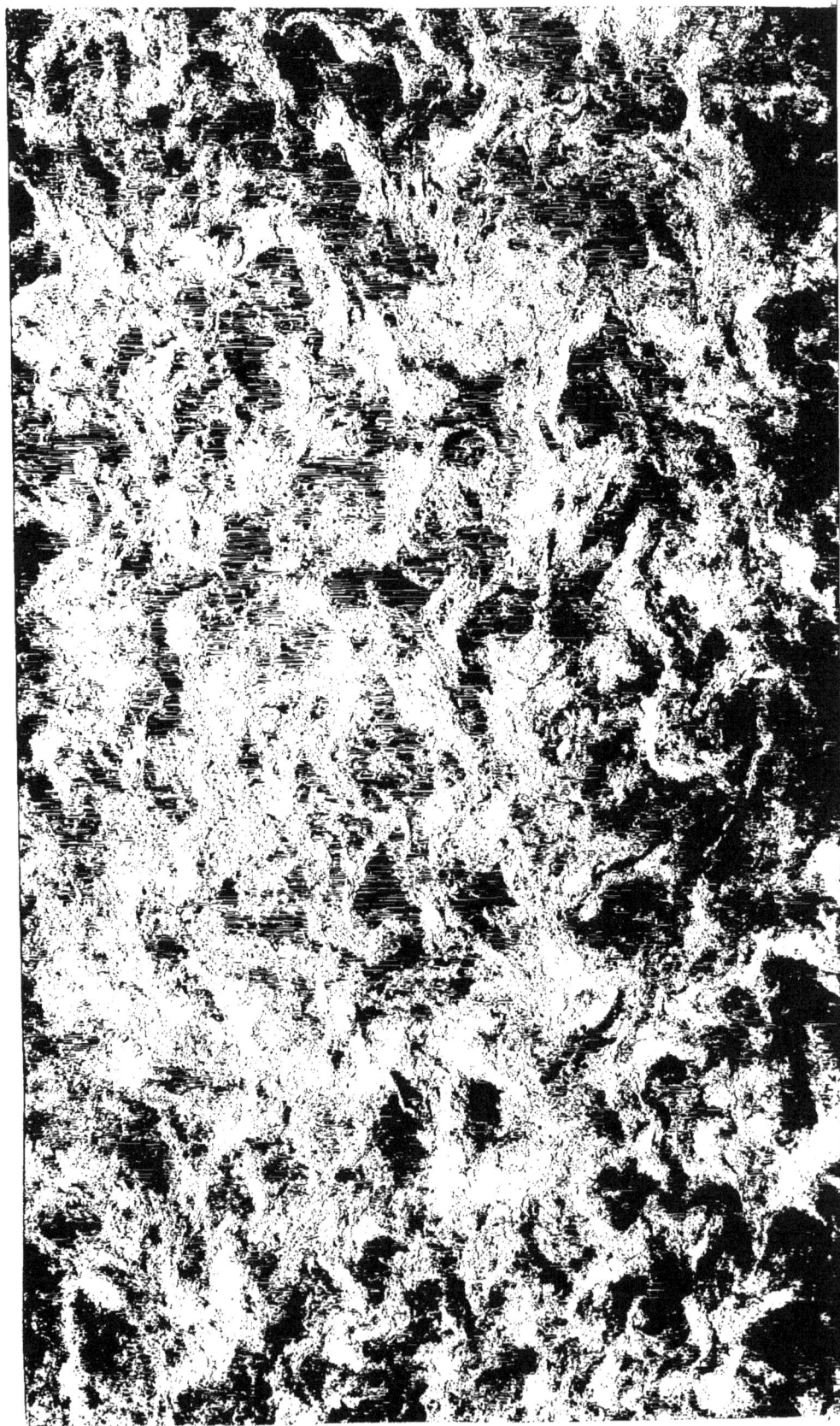

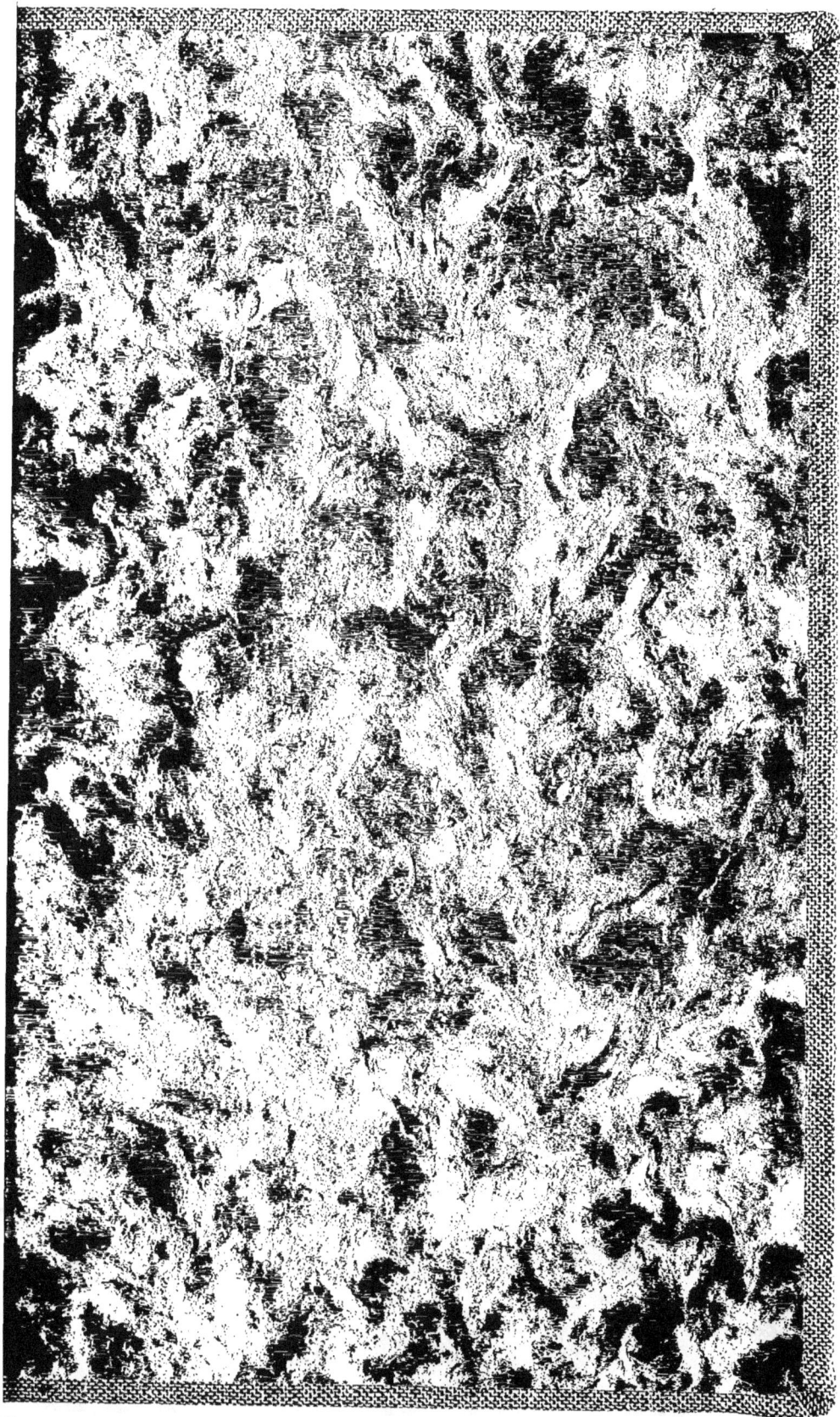

.

www.ingramcontent.com/pod-product-compliance
Lightning Source LLC
Chambersburg PA
CBHW050111210326
41519CB00015BA/3915